A CULTIVATED
BOY
养育男孩

好 妈 妈 不 打 不 骂 培 养 男 孩

梅子★著

辽宁人民出版社

©梅子　2019

图书在版编目（CIP）数据

好妈妈不打不骂培养男孩 / 梅子著. — 沈阳：辽宁人民出版社，2019.3

ISBN 978-7-205-09385-3

Ⅰ．①好… Ⅱ．①梅… Ⅲ．①男性－家庭教育 Ⅳ.①G78

中国版本图书馆 CIP 数据核字(2018)第 281922 号

出版发行：辽宁人民出版社

地址：沈阳市和平区十一纬路25 号　邮编：110003

电话：024-23284321（邮　购）　024-23284324（发行部）

传真：024-23284191（发行部）　024-23284304（办公室）

http://www.lnpph.com.cn

印　　　刷：三河市德鑫印刷有限公司

幅面尺寸：170mm×240mm

印　　张：15

字　　数：162 千字

印　　数：1～50000

出版时间：2019 年 3 月第 1 版

印刷时间：2019 年 3 月第 1 次印刷

责任编辑：高　丹

封面设计：夏末书衣

版式设计：王　欣

责任校对：刘再升 等

书　　号：ISBN 978-7-205-09385-3

定　价：38.00 元

前　言 PREFACE

　　和娇滴滴的女孩不同，男孩天生就精力旺盛，并且拥有更强的好奇心，甚至常常展现出惊人的破坏力。也正因为这样，与对女孩的教育相比，父母在教育男孩的时候往往要"暴力"得多。

　　据有关调查显示，有近两成的父母在教育男孩的时候，是认同"棍棒底下出孝子"的教育观点的，他们认为，男孩犯错时，"打一顿"比什么都有效。男孩子皮糙肉厚，揍一顿也没什么，就像俗话说的那样："三天不打，上房揭瓦。"

　　在中国的传统教育观念中，父母打男孩是天经地义的，这种行为甚至还备受推崇，所以才会有诸如"不打不成才""打是亲，骂是爱"之类的言论。而且，从父母的角度来看，当男孩调皮捣蛋惹麻烦的时候，打一顿确实是个直接简单见效快的方法，自己的火撒了，别人的气消了，男孩被打一顿也能老实了。

　　然而，这样的"打骂教育"真的能培养出优秀的男孩吗？这种暴力的方式，真的能让男孩对父母心服口服吗？

　　当然不！

无论出于什么样的原因，打骂都是一种暴力，是应该被指责、被禁止的行为！

打骂或许能让男孩有一时的屈从，然而在屈从的背后，留下的却是畏惧、愤怒、不甘甚至仇恨。打骂不会增加父母的权威，只会疏远父母与男孩之间的关系。没有任何人可以通过暴力来获得别人的尊重和臣服，父母也如此。

对男孩而言，打骂是一种身心的双重伤害。对于男孩来说，父母本该是他最信赖、最亲近的人，家庭本该是他最安全、最温暖的港湾，然而，暴力的出现却摧毁了这一切，它带给男孩的心灵创伤要远远大于身体上的疼痛与伤害。

男孩是敏感而脆弱的，他们并不像表面看上去那样坚强。他们对世界的认知是模糊的，对人与人之间的交往是迷惘的，他们只能通过父母的一言一行去认识世界，学习如何生活。因此，如果父母总是动辄打骂，那么男孩也会将这样的方式看作是一种常态，他们会在受伤害的同时，蜕变成为另一个施暴者，用相似的暴力手段去解决自己遇到的一切问题。

可见，"棍棒"永远无法成为沟通的桥梁，"打骂"永远不可能培养出身心健康的优秀男孩。

在成长的道路上，男孩真正需要的是尊重、理解，是循循善诱、以理服人。所以，请父母们放下手中的棍棒，不打不骂，一样能教出优秀的男孩。

目 录 CONTENTS

Chapter 1

不逃避，勇面对：教养男孩，从自我反省开始

年少的时候，无论多么聪慧的男孩，其能力都是有限的，在尚未明辨是非之前，他的模仿是没有任何选择性的。对于男孩来说，家庭就是他认识世界的第一个学校，父母则是他塑造自我的第一任老师。通过一个男孩的举止行为，总是能够看到父母为人处世的影子。可见，教养男孩应当从父母自我反省开始，让自己成为一个好榜样，才能言传身教，教育出品学兼优的优秀男孩。

1.男孩的问题都是家长的问题

在男孩的成长过程中，父母与家庭的影响是非常深远的，正所谓"言传身教"，父母的一言一行都是引导男孩成长的"教科书"。男孩是父母的一面镜子，他将来会成长为一个什么样的人，主要还是取决于父母对他的引导和教育。因此，为人父母者都应当有这样一种意识：教育孩子，要从反省自我开始。你看不惯的男孩身上的每一个问题，其实都是你的问题。

作为榜样一般的存在，父母就如男孩成长道路上的引路人一般，其一言一行都会被身后跟随着成长的男孩所模仿。如果父母总是一边对男孩提出要求，一边却又"打破"要求，让男孩听到与看到的截然不同，又怎么能够把男孩教育成心中理想的样子呢？教育孩子，相比"言传"来说，"身教"显然更加重要。

陈勇一放学回家就兴冲冲地把数学试卷拿出来给爸爸看，看着试卷上醒目的 98 分，爸爸高兴地拍着陈勇的肩膀，边笑边说："不错啊小子，进步大！等过两天我就去给你买那个变形金刚！"

这是爸爸和陈勇上个月就约定好的。那次一家三口去逛街的时候，陈勇在商场里看上了一款变形金刚的模型，死缠着父母给他买，当时爸爸就跟陈勇说，只要他下次数学月考成绩能达到 90 分以上，就给他买。

可没想到的是，到周末时，爸爸有事去出差了，便交代妈妈去给陈勇买变形金刚。陈勇妈妈在商场遇到了陈勇的数学老师，交谈之下妈妈才知道，原来陈勇的数学月考成绩根本不是 98 分，而是 78 分，那个"98"的分数很显然是陈勇自己改的！

妈妈非常生气，回家之后严厉地数落陈勇："跟你说过多少次了？男子汉大丈夫，考几分就是几分，怎么能干这种弄虚作假的事情啊？你小小年纪就跟爸爸妈妈撒谎，以后指不定会变成什么样呢！"

听了妈妈的话，陈勇一边哭一边不服气地辩驳道："凭什么就你们大人能撒谎，我改个分数就不行啦？上次刘阿姨来家里找你的时候，你明明跟王阿姨出去玩了，还让我骗刘阿姨说你出差了呢！还有上次，爸爸……"

听着陈勇控诉平日里爸爸妈妈撒谎的事情，妈妈顿时愣住了，一时之间竟不知道该跟儿子说什么。

其实现在很多家长都是这样，一边苦口婆心地教导孩子不能做这个、不能做那个，但自己又不停地做着这些事情，这种"只许州官放火，不许百姓点灯"的行为，其实正是造成孩子阳奉阴违的根源。就像陈勇的爸爸妈妈，他们一边告诉陈勇不能撒谎，要诚实，但是自己又不停地在生活中为了一定的便利或利益而撒谎，这样其身不正，又有什么立场去教育孩子呢？

不少父母总是抱怨，为什么自己的孩子有各种缺点？为什么自己苦口婆心地教导他，给他讲道理，他却完全不学好？但很少有父母会自我反省，想一想自己平时的所作所为是不是无形中给孩子做出了错误的示范？

要知道，年幼孩童的模仿性和可塑性都是很强的，父母的一言一行就是他们认知世界和塑造自我的"教材"，他们看在眼里，并且记在心里，这些行为准则将会成为他们成长的一个"框架"，引领着他们长成某一种样子。作为父母，当你觉得男孩身上存在某个问题时，首先要做的不是指责和批评，而是应该自我反省，因为男孩的问题归根结底其实都是父母的问题。

那么，为人父母者究竟应该怎样做，才能成为合格的引路人，培养出优秀的男孩呢？

☞ **细节 1：优化家庭环境，给男孩提供一个良好的成长空间。**

对于男孩的成长来说，家庭就是他的第一所学校，而父母正是他人生中的第一任老师，男孩性格的塑造和品格的形成都与父母有密切的关系，甚至可以说男孩以后的整个人生也都刻印着父母为人处世的烙印。因此，一个良好的家庭环境对于男孩的成长来说是非常重要的。对于男孩来说，一个积极向上、团结和睦的家庭，不仅能够为他提供成长的养分，更能帮助他更好、更快地认识世界和自我，并形成良好的品格与观念，而这也是为人父母者不可推卸的责任和义务。

☞ **细节 2：扬长避短，引导男孩学习父母的优点。**

在这个世界上，每个人都是不完美的，有优点也有缺点，这都非常正常。作为父母，在男孩面前应该尽量做到扬长避短，多展现自己的优点，并引导男孩学习这些优点，毕竟男孩对父母的模仿也不可能是"全方位"的。

孩子的眼睛其实很简单，你给他们看到美好的东西，那么他们的世界便会充满阳光；你若总给他们展示缺憾和黑暗，那么他们的世界也将阴云密布。所以，在孩子面前，父母还是应该尽可能地"掩盖"起那些缺点和不良行为。比如在夫妻间产生矛盾的时候，父母最好避免在孩子面前发生争吵。要知道，对于父母来说，一场争吵可能只是生活中一个无足轻重的插曲，但对于孩子来说，却可能成为一道挥之不去的阴影。

☞ 细节 3：言行如一，言传更要身教。

教育男孩，做到言行如一是非常重要的，我们说"言传身教"，就是说不仅要能讲出大道理，更要能以身作则，把这些大道理贯彻实施，这样父母才有底气、有立场去教育男孩，做男孩成长路上合格的引路人。

☞ 细节 4：改变男孩，从改正自己的缺点开始。

作为父母，当我们发现男孩身上存在某些缺点或不良行为的时候，首先要做的就是反省自己，看看自己身上是否也存在相应的缺点和毛病。很多时候，男孩的"坏"都是从身边人身上学的，而作为男孩最为亲近的父母，往往很可能正是"始作俑者"。因此，想要改变男孩身上的坏毛病，父母就必须自我检讨，先从改正自己的缺点开始。只有把"根"扶正，"苗"才能长得好、长得直。

2.不良教养环境，最毁孩子

不少父母都有过这样的抱怨：

"唉，我儿子啊，小的时候多乖多听话，现在也不知道怎么了，说什么都不听，还天天逃学打游戏，他怎么会变成这个样子啊?"

"我儿子以前学习可好了，现在也不知道怎么回事，逃学、喝酒、抽烟，坏毛病学了一身，真不知道是怎么搞的!"

"我儿子怎么就一点都不懂事呢? 又懒又不爱学习。你看看隔壁小王家儿子，那叫一个听话，嘴又甜，见谁都可劲儿喊，真是一样米养百样人啊，我怎么就那么命苦呢……"

是啊，同样是儿子，怎么偏偏有的乖巧听话，有的调皮捣蛋呢？甚至同一个男孩，怎么以前就可爱乖顺，如今却变成了"混世魔王"？实际上，归根结底，这种种差异都是孩子的教养环境造成的。

俗话说"近朱者赤，近墨者黑"，在男孩的成长过程中，环境对他所造成的影响是非常巨大甚至是决定性的。好的环境能让男孩在潜移默化中形成良好的心态和行为习惯，而坏的环境也可能从此将男孩打入万丈深渊，引导他一步步走向毁灭。

下午放学的时候，上五年级的阿俊把几个三年级的小男生堵在厕所里，强行抢走了他们的零花钱。有个小男生不肯屈服，从厕所里跑了出来，阿俊非常生气，追着跑出来之后直接在学校操场上对那个小男生拳打脚踢。这一幕恰好被教导主任王老师看到了，王老师非常生气，把阿俊叫到办公室之后，便直接打电话通知了阿俊的家长。

接到王老师的电话之后，阿俊的爸爸妈妈都赶到了学校，王老师把事情的经过告诉了阿俊的爸爸妈妈。没想到的是，阿俊的爸爸才一听完，当即就火冒三丈，直接当着王老师的面把阿俊一脚踹到了地上，一边抡着拳头揍他一边愤怒地骂着："小兔崽子，反了你了。你老子倒是不知道你什么时候有这能耐，还敢抢劫了！这下一步要怎么的，要杀人放火了啊！"

王老师惊呆了，费了九牛二虎之力才总算拉开了阿俊的爸爸。这下王老师算是明白了阿俊成天和同学打架的"暴力基因"到底是从哪里继承的！

人之初，性本善，没有谁是天生的坏坯子。就像阿俊，他抢劫比他年纪小的孩子，遇到不顺从的就拳脚相向，他的这些不良行为不可能是天生就会的。单看阿俊爸爸对阿俊的"暴力教育"就可以知道，至少阿俊的暴力行为绝对有着父亲的影子。

有时候很多父母可能都想不通，为什么自己明明不断地教育孩子，告诫孩子哪些事情是错的，哪些行为是不好的，但无论怎么苦口婆心，却依旧有许多的孩子"前赴后继"，非要往错误的道路上走。

造成这种现象的原因，一方面，是因为男孩本身对是非善恶分辨不明。在他们心中，对于家长口中的"错误行为"或"不良行为"并没有那么反感，也并不认为是十恶不赦的大错。另一方面，则与他们的成长环境有关。比如如果父母对男孩的教育方式是动辄打骂，那么必然会让他在潜移默化中形成使用暴力手段来处理矛盾的习惯。

可见，教养环境的好坏对于男孩的成长来说至关重要。作为父母，为了让男孩成长为一个品格端正的优秀人才，必须要能为男孩提供一个优秀的教养环境，让男孩在积极正面的环境中获得成长。

☞ 细节 5：言而有信，打好诚实根基。

每个父母大概都曾告诫过孩子要诚实守信，但大部分父母在与孩子的交流中，却又往往做不到这一点。比如答应孩子会去参加学校的亲子活动，最终却因为工作等缘故而无法履行承诺；为了摆脱纠缠而答应孩子的某些不合理要求，到时候又以各种借口或理由推辞；承诺会给孩子买某件东西，但等真正到了商场之后却故意只字不提……这些事情发生在我们周围的很多家庭中。很多父母可能对这些小事不以为然，但实际上，这些不诚信的行为却在无形中影响着孩子，潜移默化地消磨着孩子对诚实守信的重视。

因此，作为父母，在孩子面前一定要做到言而有信，这样父母在孩子面前才能树立威信，父母说的话也才能令孩子信服，并帮助孩子成长为一个诚实守信的人。

☞ **细节6：承担责任，勇于为自己的言行负责。**

一个优秀的男孩，必然是一个敢于为自己的言行负责，能够担负起责任的人。男孩身上存在的很多毛病，其实都是责任感缺失引发的，比如撒谎、逃避、怯懦等，都是因为不敢面对自己言行所引发的后果，是因为不敢承担责任而养成的坏习惯。因此，在教养男孩的过程中，父母一定要让男孩明白勇于承担责任的重要性。尤其是在男孩犯错时，父母一定要保持平和的心态，不要动辄大发雷霆甚至打骂男孩，否则很可能会让男孩因恐惧而逃避责任。

☞ **细节7：端正态度，塑造良好价值观。**

每个人都会犯错，心智不成熟、还处于成长期的男孩更是如此。当父母发现男孩的某些不良行为时，一定要控制住自己的情绪，愤怒和打骂除了激化矛盾和伤害孩子的自尊心之外，根本于事无补。这个时候，父母应当做的，是以端正的态度引导、说服男孩，让他通过自我反省来发现自己的错误，进而杜绝不良行为。

一个良好的教养环境，并不一定要有多少条条框框的限定，也并不一定要用严厉的责骂和约束。重要的是，在这样的教养环境中，父母能够端正态度，明辨是非地对待男孩的一言一行，帮助男孩塑造良好、正确的价值观。当男孩形成并从心底里认可自己的世界观、价值观和是非观之后，自然能够自觉地约束并规范自己的行为。

3.好妈妈应该让男孩引以为荣

如何才能够成为一个好妈妈？这大概是许多母亲一生都在探寻的问题。在男孩漫长的成长过程中，与他最亲近、对他影响最深的，无疑正是父母，尤其是在年幼时期，男孩的一言一行几乎都来自父母的影响。试想一下，如果父母身上有着各种各样的恶习，那么在耳濡目染之下，又怎么指望男孩能学好呢？

英国心理学家希尔维亚·克莱尔在《挖潜能》一书中说过这样一句话："如果你自己都不准备有所成就，你也不能期望你的孩子去做什么。"所以，想要成为一个好妈妈其实很简单，那就是努力把一切都做到最好，成为能够让男孩引以为荣的榜样。

李强是个调皮又贪玩的男孩，没少给家里添麻烦，不是拉了邻居家的电闸被投诉，就是揪了别家小姑娘的辫子被人家家长逮着上门告状。

从小到大，因为捣蛋，李强没少挨揍，可这皮实的捣蛋鬼愣是没有任何改变，天天都能想出新花样来惹麻烦。

有一次，李强的奶奶生病住院，那段时间李强爸爸正好去外地出差了，姑姑又因为怀孕没办法经常去医院，于是照顾奶奶的重任几乎都落在了李强妈妈肩上。除了上下班的时间，李强的妈妈每天都得去医院照顾奶奶，给她喂饭、擦身子、洗脚。由于是夏天，奶奶身子又弱，不能吹空调，为了让奶奶休息得舒服一些，奶奶打针的时候，李强妈妈就用扇子在一旁给奶奶轻轻地扇风。

一天晚上，守着奶奶入睡之后，李强妈妈才拖着疲惫的身体回了家，倒在沙发上就一动也不想动了。就在这个时候，李强突然凑了过来，坐在沙发边上给妈妈捏肩膀，一边捏一边笑嘻嘻地说："妈妈，累了吧，让我给你按摩按摩，我这可是在电视上学的，专业得很，按完就没那么累啦！这几天你也不用给我准备饭，我和小孟说好了，去他家蹭两天饭，你照顾奶奶就行了，别那么累。"

听到李强的话，妈妈有些惊讶，儿子什么时候那么懂事了？再一回想，这段时间里，这个捣蛋的小祖宗还真是再没给家里添过什么乱，有时候甚至还会主动给她帮忙呢！看着儿子懂事的样子，李强妈妈心里的疲惫也顿时一扫而光。

虽然李强没有说，但很显然，正是妈妈对奶奶的照顾和孝顺，让李强这个捣蛋鬼也学会了孝顺，并主动地为妈妈分忧，这就是榜样的力量。父母严厉的管教和惩罚都没能扭转李强调皮捣蛋的性格，但妈妈照顾奶奶的细心和劳心劳力却让他感触不已，从而主动约束了自己的行为。可见，在很多时候，男孩之所以不学好，并不是天性如此，而是因为眼前没有值得他学习的榜样。

父母对孩子的义务不仅仅是照顾他的衣食住行，而是应该努力成为孩子成长路上的导师，陪伴并帮助孩子获得成长，让孩子甘愿追随导师的步伐向前走，成长为一个优秀的人。一个好妈妈，必定是能够让男孩引以为荣的妈妈。

☞ 细节8：谨言慎行，在男孩面前树立起正面形象。

想要成为令男孩引以为荣的家长，做男孩的榜样，父母在男孩面前就要时刻注意自己的言行。要知道，孩子眼中的世界是非常简单的，他们眼中看到的便是他们心中认知的。因此，在面对男孩时，父母的一言一行都是非常重要的。

如果父母在男孩面前总是出口成"脏"，那么男孩便会以为说脏话是一种常态，自己也有样学样；如果父母常常对男孩撒谎，那么即便他们不停地告诉男孩做人要诚实，恐怕男孩也不会因为说谎而感到心虚。

所以，为了男孩的未来，父母一定要做到谨言慎行，在孩子面前树立正面形象，成为男孩学习的榜样。正确的教育应该是潜移默化的，这比言语上的大道理更具稳定性和长效性。

☞ **细节 9：言行如一，行动比空谈更有用。**

有的父母教育男孩，总以为只要对他说些大道理，把那些冠冕堂皇的话时时挂在嘴边就够了，一旦男孩犯了错，便理直气壮地教训、指责，可能还要叹上一句："我都告诉过你多少遍了，不能……你怎么就不听话呢！"

这些父母都忽略了一点：男孩不仅会听，他们还会看，还会思考。

当父母嘴上告诉男孩要尊老爱幼，行动上却处处嫌弃年迈的双亲时；当父母嘴上告诫男孩要诚实，行动上却处处说谎时；当父母嘴上告诉男孩不能对别人使用暴力，行动上却对男孩动辄打骂时……在行动的映衬之下，那些时时挂在嘴边的大道理显得尤为讽刺。

父母的一言一行，男孩都是能听到耳中、看在眼里的，在男孩的成长过程中，很大一部分行为其实都是通过模仿父母而学来的。所以，想要取得良好的教育效果，让男孩摆脱不良习惯的影响，父母就要做到言行如一，用行动而非空谈潜移默化地引导男孩走向正途。

☞ **细节 10：知恩图报，教会男孩什么是"感恩"。**

现在大多数家庭都是独生子女家庭，因此即便是对待男孩，不少父母也都是娇生惯养，百般宠爱，结果养出了不少衣来伸手、饭来张口的"大少爷"。这种溺爱对男孩的成长来说是极其不利的，很容易让男孩丧失感恩之心，认为自己所得到的一切都是理所当然的，甚至还会因为得不到而感到愤愤不平。

一个不懂得感恩的人，不管能力多么强，都是无法成为一个真正令人钦佩的优秀者的。因此，在日常生活中，父母一定要懂得节制对子女的爱，并以身作则，让男孩学会重视别人的付出与关爱，并常怀感恩。

4.从男孩身上学会反省自我

古语有云：夫以铜为镜，可以正衣冠；以史为镜，可以知兴替；以人为镜，可以明得失。而对于父母来说，男孩就如同一面镜子，男孩的一言一行、一举一动，从某种程度上来说，都是父母的投影。

男孩的成长，实际上也是父母的成长，父母是男孩成长路上的引路人，而男孩同样可以成为指导父母成长的"教科书"。很多父母都曾问过，到底应该怎么做，才能成为合格的父母，教养出优秀的男孩？其实，这个问题并没有什么标准答案，每个男孩都有自己独特的个性，对父母的期望和需求也都有所不同。而父母能够做的，就是通过男孩的一言一行、一举一动来反省自我，获得成长的同时，也引导男孩更好地成长。

罗刚一直认为自己是个好父亲，在外有着光鲜的职业、丰厚的收入，足以让老婆、儿子过上富足的生活；对内能够花费大量的时间和精力照顾家庭，但凡与儿子有关的，家长会、运动会、艺术节……他几乎都不曾缺席。

一个周末，罗刚偶然瞥见儿子放在小书桌上的作文本，便随意拿起来翻了翻，正好瞧见里头一篇题为"我的爸爸"的作文，罗刚顿时感觉心头一热，饶有兴趣地开始阅读，想看看在10岁的儿子心里，他这个爸爸究竟有多么优秀。

作文一开头是这么说的："我的爸爸长得高大帅气，还弹得一手好钢琴，在市级比赛中还曾经获过奖，是个非常优秀的男人。"看着儿子作文本上的溢美之词，罗刚得意地翘起嘴角，心里暗暗盘算着一有时间就带儿子去游乐园。

可再继续看下去，罗刚脸上的笑容却渐渐沉了下去。在一大段的夸赞之后，儿子开始写他的缺点了："我很爱爸爸，也一直认为爸爸是全世界最好的爸爸。但不可否认，我的爸爸身上也有不少缺点，我一直很想对他说，希望他能改正这些缺点。比如爸爸从来就不尊重我的意见，总是他说什么就是什么，还喜欢在我面前摆架子、耍威风，我觉得很难过，感觉自己在家里一点也不受尊重……"

除了提出种种的"缺点"之外，儿子还描述了不少具体发生过的事情来佐证罗刚的确存在这样的"缺点"。看着儿子洋洋洒洒的一篇作文，罗刚只觉得心里堵得慌，但仔细想想，却又没法责怪儿子，毕竟他作文里写的这些事还真的都是自己做过的。

经过一番自我反省之后，罗刚用本子把儿子作文里罗列出来的自己的"缺点"都一一记录了下来，并一条条仔细琢磨了一番，重点画出了几个他认为应当改正的问题，又把几个儿子可能产生误解的问题标注了出来。

晚上儿子回家，罗刚心平气和地与儿子进行了一番交谈，两人约定，以后要多多交流，把对彼此的意见都说出来，再一起进行商讨。后来，罗刚和儿子的关系越来越好，两人几乎成了无话不谈的"好朋友"。

作为一个父亲，罗刚最难能可贵的一点就在于他能够接受儿子的意见，并且主动自觉地进行自我反省。在我国传统的教育观念里，一直都在强调孩子应该听从父母的话，甚至哪怕父母的话有时候不一定有道理，孩子也不能忤逆不从。这种"愚孝"的观念是相当可怕的，不仅对孩子的成长无益，甚至可能造成一幕幕的家庭悲剧。

男孩就如同父母的一个缩影，他的种种表现在父母身上都是有迹可寻的。作为父母，在抱怨男孩身上的缺点时，不妨先学会自我反省，想想自己究竟哪里做得不好，这样才能从源头上找到问题产生的原因，从而解决问题。

☞ 细节 11：对男孩生气之前，先找找自己的问题。

世上一切事情的发展都是有迹可循的，男孩身上的种种坏毛病同样如此。当父母因为男孩的某些不恰当行为感到生气时，在大发雷霆之前，应当先自我反思一下，看看自己身上是否也存在相同的毛病。只有从根源上找出导致男孩养成这种坏毛病的"病根"，再将其去除，才能真正帮助男孩，让他成长得更加优秀。

男孩性格的形成有先天因素的影响，但总体来说，还是靠后天的教育。从先天因素来说，有的男孩天性活泼外向，有的男孩则含蓄内敛，但不管是哪一种性格的男孩，都有可能成长为优秀的人才，也可能变成四处惹事的"祸害"，而这就主要取决于他们后天所受到的教育了。在男孩的成长历程中，对他们影响最大的往往正是父母。因此，在发现男孩身上的问题时，父母要学会自我反省，找到造成男孩不良习惯的"病根"。

☞ 细节 12：男孩的性格问题往往与父母有直接关系。

不少父母都抱怨过男孩存在的一些问题，比如不听话、脾气差、胆子小、不爱学习等，关于这一点，可以很负责地说，绝大部分男孩的性格问题实际上都与父母有着必然的关系。男孩的性格问题实际上正是不良家庭模式的一种反映，比如遇事冲动、喜欢动手打人的男孩，通常生长在一个经常发生暴力打骂的家庭中；比如胆小怯懦、不善交际的男孩，通常都有强势的父亲或母亲。

所以，当发现男孩存在某些性格问题的时候，父母应该从家庭教育模式上进行反思，看看究竟是哪个环节出现了问题，才导致男孩产生这样的性格问题。

☞ 细节 13：增强耐心、就事论事，才能帮助男孩改错。

由于传统观念的影响，很多父母在孩子面前常常都会表现出"蛮不讲理"的一面。比如教训男孩的时候,不少父母可能都说过诸如"我是你妈你就得听我的""你敢跟你爸顶嘴就是犯错""我是长辈,说的话你就得听"之类的话,这是相当不讲道理的一种说辞,和那种以权压人的行为没有什么区别。如果父母总是这样不讲道理,那么即便男孩碍于家长的身份而不敢顶嘴,心里必然也是不会服气的,久而久之,反而容易促使男孩形成阳奉阴违的性格。

父母想要让男孩真正懂得反省自己的错误,在批评男孩时就一定要能做到就事论事,凡事都说出个道理来。只有这样,才能让男孩学会明辨是非,从而自觉主动地约束自己的行为。

5.理解是父母给男孩最好的爱

对于男孩来说,父母过度的爱与保护往往会变成一种困扰,束缚他们的成长。如果父母总是借爱的名义过分干涉男孩的生活,那么久而久之,在父母的"做主"下,男孩必然会变得越来越无能,丧失学会独立生活的机会。这样的男孩在父母的羽翼之下或许会显得乖巧懂事,但一旦离开父母的保护,便可能寸步难行,没有独立思考的能力和解决困难的能力。

诚然,尚未成年的男孩由于心智发育不成熟并且缺乏社会经验,对于很多事情的确不能处理得面面俱到,父母对他们的担忧也是非常正常的。但我们应该知道,不管是能力的培养还是经验的累积,都是从实践中得到的,如果因为父母的担心就剥夺了男孩"实践"的机会,那么无异于也剥夺了男孩成长的机会。

适当的关爱确实能帮助男孩绕开不必要的挫折，但过分的干涉却会折断男孩飞翔的翅膀。

在成长的道路上，男孩就如同一张未曾描摹过的白纸，但父母又何尝不是"新手"呢？最好的成长是陪伴，是在相互学习、相互影响中获得进步、实现成长。就如著名的法国思想家卢梭所说的那样："为了使一个孩子能够成为明智的人，必须培养他有自己的想法，而不能要他采纳我们的看法。"

田野是个活泼开朗的男孩，刚上小学三年级。一次，学校组织了一个演讲活动，主题为"我的梦想"，老师要求每个同学都准备一篇稿子交上去。

回家后，田野拿着笔苦思冥想，却一直不知道该写什么。田野的爸爸在一家杂志社做编辑工作，平时田野写作文都会向爸爸"取经"，这一次也不例外。

爸爸知道情况后，便问田野："儿子，那你自己是怎么想的？长大以后想做什么？"

田野满不在乎地回答道："就赚钱呗，上班呗，还能做什么？"

听了儿子这话，爸爸继续问道："那具体的工作呢？想没想过以后具体想从事什么样的工作啊？"

田野摇了摇头，有些迷惑地说道："反正就是每天出门去上班，然后下班回家，周末休息，每个月发工资……不都是这样吗？"

爸爸想了想，换了一种方式问道："儿子，你有没有什么特别喜欢做的事情？就是每天都想做，特别特别喜欢的？"

"有啊！"听到爸爸的问题，田野顿时两眼放光，"我希望每天都能去游乐场坐过山车！我可喜欢坐过山车了，就像在天上飞一样！"

听了田野的话，爸爸陷入了沉思，过了很久才又笑着继续问道："儿子，你还记得上次暑假爸爸妈妈带你坐飞机去海南玩的事情吗？"

田野兴奋地点点头。爸爸又继续说道："爸爸记得那个时候你在飞机上可兴奋了，你觉得坐飞机有意思吗？"

田野咧开嘴笑着，神往地说道："当然有意思啦！比坐过山车还有意思！飞机飞得比过山车高多了，就在云海里头穿行，那滋味可爽了！如果能天天这么飞就好了——啊！爸爸，我知道了，我以后可以做个飞行员啊，只要能成为飞行员的话，我就可以开着飞机天天飞到天上，飞去云里啦！"

"嗯，这是个很伟大的理想呢。虽然道路很艰难，不过爸爸相信，只要你肯努力，以后一定会实现这个梦想的！"田野爸爸满意地笑着说道。

这场谈话不仅顺利帮助田野解决了演讲稿的问题，同时也让田野人生中的第一个理想顺利诞生了！

每个父母都希望自己的儿子有凌云壮志，能从小就树立起远大的理想和抱负。但事实上，在男孩年纪尚小的时候，对世界、对人生的认知都是肤浅和模糊的，他们脑海中的想法天马行空，可能根本不知道未来在哪里。很多父母却不理解这一点，总觉得儿子如果没有光鲜亮丽的目标，没有伟大的理想，似乎就"不成器"似的。

其实，父母应该明白，不管你对男孩有怎样的期望，期盼他走上一条什么样的道路，你都不应该去干涉他的人生、他的思想。对于男孩来说，父母能够给予他最好的爱是理解，是接受，是能站在他的立场上感同身受地去体会他的想法和感受。就像田野的父亲一样，当他发现儿子对未来一片迷茫，甚至连自己喜欢什么也搞不清楚的时候，他没有为此感到失望或愤怒，也没有试图把自己认为好的东西强加在儿子头上，而是试着去理解儿子内心的想法和渴望，从而引导儿子找到自己真正中意的东西。这一点是非常难能可贵的，也是值得父母们学习的。

☞ **细节 14：理解是相互的，父母要理解男孩，男孩才能学会理解父母。**

在这个世界上，父母本该是男孩最亲近、最信赖的人，但在很多家庭中，父母与男孩之间却总是会产生隔阂，究其原因，大致都是彼此之间无法相互理解而造成的。父母总是失望于男孩不理解他们"为他好"的行为；而男孩也同样无法接受父母不考虑自己的想法和感受的"强横"。于是隔阂形成了，原本最亲密的人却在不知不觉中站在了对立的位置。

要知道，理解是相互的，父母想要让男孩理解自己的良苦用心，那么就得学会去理解男孩，知道他内心的想法。只有双方都能够心平气和地、真诚地进行沟通，才能搭建起理解与信任的桥梁。

☞ 细节 15：理解的前提是平等，父母要学会用平等的姿态与男孩进行交流。

平等是理解的前提，两个人之间想要建立相互理解的关系，首先要做的，就是能够以真诚、平等的姿态进行沟通。如果一方总是居高临下，把自己摆在高高在上的位置，那么对于另一方来说，对方所说的话便都只是"命令""指示"罢了，又何谈理解？因此，当父母发现男孩在与自己的沟通中出现不听话、对着干等逆反心理时，一定要学会放低姿态，摆脱传统的教育观念，以平等的姿态去和男孩进行交流，给予男孩一定的尊重。

☞ 细节 16：信任你的儿子，他可能比你想象的更加优秀。

很多时候，父母对男孩的想法"嗤之以鼻"，主要是因为对男孩缺乏信任。很多父母总是习惯于充当男孩的保护者，认为不管遇到什么事情，自己都能比男孩处理得更好，因而也乐意去"包办"各种事情，只给男孩提供一个无忧无虑的"暖房"。这种想法和做法或许都是源于父母对男孩的宠爱，但从另一个角度来说，这其实也是父母不信任男孩的一种表现。

要知道，无论你多么坚强、多么优秀，你都不可能成为男孩一辈子的保护伞，总有一天，那个被你保护在身后的男孩会成长为一个顶天立地的男人，需要自己去面对风雨、经受挫折。所以，勇敢地放手，勇敢地去信任你的儿子吧，事实上他可能比你想象的要优秀得多，他需要的，只是一个直面困难的机会，一个成长的契机。

6.己所不欲勿施于人，尊重男孩的隐私

对于男孩来说，父母带给他最大的伤害，莫过于总把他当成自己的"所有物"，不允许他拥有一丝一毫的"隐私"。这种行为是极其霸道的，然而在现实生活中，这样霸道的父母却又偏偏不在少数。

苏女士的儿子球球今年14岁，刚上初二。

球球一直是个非常乖的孩子，和那些调皮捣蛋的男孩不同，从小就没给家里惹过什么麻烦。但最近，苏女士却发现，球球似乎变得和以前不一样了，常常会做出许多让她难以理解的举动。

比如，球球房间里有个写字台，是苏女士专门买给球球方便他看书写字用的，写字台下面有一个抽屉，平时苏女士都会把新买来的文具放在抽屉里，有时需要的话自己也会直接过来拿。但自从上初中之后，球球就把那个抽屉给"征用"了，把文具都拿出来放在了写字台的一角，而且还破天荒地给抽屉上了锁，把钥匙也藏了起来。

人的心理是很微妙的，你把一个东西大大方方地摊开来，未必能引起别人的兴趣，但如果你躲躲藏藏，反而会让人觉得心痒痒，恨不得赶紧窥探你的秘密。球球的举动自然也激起了苏女士的好奇心，而且她也非常担心，生怕儿子行差就错，走上"歪路"。

为了窥探儿子的秘密，一天，球球去学校上课之后，苏女士就偷偷找出了抽屉的备用钥匙，打开了一直被球球锁得紧紧的抽屉。抽屉里装着一些零零散散的小玩意儿，几封信，还有一个日记本。虽然偷看儿子的日记本似乎不太妥当，但苏女士一想，球球是自己的儿子，又不是别人，而且自己也是担心球球啊。

这件事情后来还是被球球知道了，他和苏女士大吵了一架。之后，苏女士虽然向球球道了歉，但球球从此就跟防贼似的防着苏女士，不仅把抽屉锁了，有时还会偷偷粘一根头发或者夹一个小纸片在抽屉缝里，只要发现头发或者纸片不见了，就会大发雷霆。

苏女士觉得很伤心，球球是自己的儿子，自己查看他的东西，也是因为担心他，可他怎么就是不能体谅父母的苦心呢！

在现实生活中，像苏女士这样喜欢窥探儿子隐私的父母不在少数。在大多数父母看来，"监察"儿子是他们的责任和义务，即便这种做法可能不太妥当，但他们也是为了儿子好，怕他学坏，怕他照顾不好自己，做出追悔莫及的事情，耽误自己的一生。

但实际上，父母们却不曾想过，男孩一直在成长，他渴望独立，渴望获得尊重，渴望自己的想法和意见能够受到重视。谁都不想一直活在别人的监视之中，即便这种监视是打着"爱"和"关心"的旗号。孔子有言："己所不欲，勿施于人。"谁都不愿意自己的隐私受到冒犯，作为父母，更应该学会尊重男孩的隐私，给他们一个安全的成长空间。

父母应当明白，男孩是独立的个体，有自己的思想和感情，他们不是父母的所有物，更不是父母的复制品。爱的前提是尊重，而不是占有。作为父母，应该学会尊重自己的孩子，不仅要尊重他的人格、他的思想，还要将这种尊重渗透到生活的方方面面。只有做到这一点，父母也才能赢得男孩真正的尊重，从而构建起良好的亲子关系，这对男孩未来的健康成长是非常重要的。

☞ **细节 17：己所不欲勿施于人，懂得站在男孩的角度想问题。**

随着年龄的增长，男孩的自我意识也会越来越强，不再像从前那样甘愿事事都听从父母的安排，遵循父母的意愿。这是成长中不可避免的一个过程，也是男孩一步步走向独立的重要历程。作为父母，在这个过程中或许会感到失落，会觉得不习惯，但不妨回想一下曾经的自己，谁没有过飞扬恣意的青春、热血激昂的憧憬呢？

男孩需要父母的关爱，更需要父母的理解和尊重。如果每个父母都能学会换位思考，懂得放下架子，以朋友的姿态走进男孩的内心世界，懂得体谅男孩，站在男孩的角度去看问题，那么他一定能够了解男孩的所思所想，用正确的方式去关爱男孩。

☞ 细节 18：尊重男孩的独立人格，正确对待男孩的秘密。

成长不仅仅是身体长大的过程，更是形成独立人格的过程。男孩不是父母的所有物，他们是独立的，有自己的思想和人格，同样也会有自己不想透露的秘密。很多父母都有偷看孩子日记或书信的习惯，这种行为固然是出自父母对男孩的关心，但从另一个角度来说，这其实也是父母不尊重男孩独立人格的一种表现。

任何人都有不想让别人知道的隐私，成年人如此，孩子同样如此，父母应该学会换位思考，正确对待孩子的隐私，不要总打着"关心"的旗号一遍又一遍地闯入男孩的"安全领地"，窥探男孩内心的秘密。当父母能够给予男孩足够的尊重时，相信男孩也会更愿意向父母打开心扉，真诚地进行交流沟通。

☞ 细节 19：开诚布公，及时掌握男孩的思想动态。

由于现今复杂的社会环境，父母很难不为男孩感到担忧，这是非常正常也十分必要的。毕竟人的自制力有限，在面对各种诱惑时，谁也不能保证自己就一定可以不犯错，更何况是还处于成长期，对外界充满好奇和探索欲望的男孩呢？

因此，我们虽然不断强调父母应该尊重男孩的隐私，给予男孩一定的信任，但并不表示鼓励父母对男孩放任自流。小细节可以适当放松，但大方向却是必须要牢牢抓在手里的。在日常生活中，父母一定要多多关注男孩的言行举止，一旦发现"异样"，就要及时加深彼此的沟通和交流，以便对症下药，给予男孩正确的引导。

7.做男孩的典范，发挥榜样的力量

中国有句古话，"以教人者教己"，就是告诫人们，应该用教导别人的道理来约束自己的言行，这样才能达到言传身教的效果。用事实说话，显然比嘴上挂着空泛的大道理更能服众，更能让别人接受。父母教育男孩的时候也是如此。讲再多道理，不如在生活中以身作则，发挥榜样的力量，成为男孩的典范。

榜样的力量是无穷的，而父母往往正是男孩人生中的第一个榜样。在尚未形成独立的人格和对世界的明确认知之前，父母对男孩的影响是极其巨大的，男孩认识世界、塑造自我，无一不是通过父母在日常生活中的言行和谈话来完成的。因此，在男孩面前，父母一定要注意自己的形象，以身作则，用良好的行为习惯潜移默化地熏陶、教育男孩，帮助他成长为一个优秀的人。

姜女士在一家外企做行政工作，最近正负责公司的人员招聘事宜，遇到了不少麻烦和令人恼火的事情。因此，姜女士这一段时间的脾气都非常不好，每天下班回到家里也不像从前那样会和丈夫、儿子说笑，而是不停地抱怨这、抱怨那，不是说领导处理事情没有效率，就是骂现在的年轻人吃不了苦，眼高手低。

姜女士的丈夫也很理解姜女士最近面临的压力，因此每次姜女士抱怨，他也都只是耐心地听着，不时开导她几句，让她能发泄一下心中的怒火。但过了几天之后，姜女士和丈夫却发现，事情似乎超出了他们的预想。

一个周末，姜女士和丈夫一块儿带上小学的儿子方程去水族馆玩，在路上，方程却一直板着脸，情绪也不高。发现儿子的异样之后，姜女士便耐心地询问，结果方程一瘪嘴，不高兴地嘟囔道："别提了，最近真是烦死了。前几天期中考试的成绩下来，我们班在年级上的排名比上一次下滑了三名。老师说我是学习委员，负有一定责任。还有那几个拖后腿的，还好意思去告老师，说我平时光顾着自己学，也不帮助他们学习不好的……"

听着儿子不停地抱怨，姜女士和丈夫都有些诧异，以前方程是从来不会抱怨这些事情的，担任学习委员一职的他向来非常负责。记得之前也发生过类似的事情，方程不仅没有因为受到老师的批评而心生不满，反而还积极检讨自己的过失，在班上提议组建了学习小组，帮助同学提升成绩。

儿子的变化让夫妻俩都非常诧异，姜女士回想了一下自己近来在家里的表现，顿时恍然大悟，看来是自己最近的负面情绪影响了儿子。夫妻俩商议一番之后决定，以后一定要彼此监督，相互提醒，再不能随便在儿子面前显露这些不良情绪，影响儿子的成长。

方程是幸运的，他拥有一对善于观察，并且能够进行自我反省的父母。因此，虽然姜女士的负面情绪对他造成了一定的影响，但在及时的补救之下，相信不会对方程的性格塑造造成不良影响。而这一事件也让姜女士夫妻得到了宝贵的教育经验，相信他们以后在陪伴方程成长的道路上会走得更好。

一位教育学家曾说过："有不少父母对子女要求很严，但却缺乏自我约束能力，无法为孩子树立良好的榜样，是典型的'照我说的去做'，而并非'照我做的去做'，这样的教育，毫无说服力，最终只能失败。"

家庭教育无疑是对男孩最直接并且最深刻的教育，父母对男孩的影响力是不容小觑的，他们就如同男孩成长的教科书、引路人，他们的一言一行，都是影响男孩、塑造男孩的重要因素。父母应当做好男孩的典范，发挥榜样的力量，身体力行地引导男孩成长，让他成为一个能够以德立世的人。正如17世纪德国教育家福禄培尔所说的："国民的命运，与其说是握在掌权者手中，倒不如说是握在母亲手中。"

☞ 细节20：做有教养的父母，才能培养出有教养的男孩。

"教育从生命的第一天就开始了。"这是美国历史上著名的总统克林顿说过的一句话。父母对男孩的影响是巨大的，从出生的那天开始，父母的一言一行就已经开始一点点塑造男孩的人格，影响男孩的成长。

为了给男孩带来好的影响，在日常生活中，父母一定要以身作则，注意约束自己的言行，做一个有教养的人，这样才可能培养出有教养的男孩。比如在家要懂得孝敬长辈，在外要谨记遵守社会公德，生活上要勤俭节约，工作上要积极奋进，等等。

☞ 细节 21：重视男孩的贡献，引导男孩发现自己的价值和优点。

有的父母在提及自己的孩子时，或许是出于一种谦虚的心理，总习惯把孩子"贬低"得一无是处；而有的父母或许是出于对孩子的关爱，也或许是因为缺乏耐心，在家里什么事情都不让孩子做，自己包揽一切。不管是哪一种情况，实际上都是对孩子的一种变相的伤害，父母这样的态度很容易会让孩子觉得自己一无是处，甚至可能因此产生自暴自弃的心理。

其实，想要让男孩感觉良好，树立对自己的信心，最好的方式就是让他们感觉到自己是有用的，是被别人所需要的。要做到这一点，父母就得给男孩表现的机会，并且重视他们所做出的贡献，这样才能一步步引导男孩发现自己的价值和优点。

在日常生活中，父母不妨把一些力所能及的事情交给男孩去做，比如帮忙打扫卫生，倒垃圾、擦玻璃等。重要的不是让男孩做什么，而是能够让他们通过做事来获得父母的肯定和实现自我价值的成就感。

☞ 细节 22：不轻易否定男孩，鼓励他的每一次进步。

每个男孩都有自己的性格和脾气，作为父母，即便男孩的行事作风不符合你的期望或标准，也不要轻易就否定他，这样只会给男孩带来伤害，甚至打击男孩的自信，从而激起男孩的叛逆心理。

父母需要明白，男孩不是父母的所有物，更不是父母的复制品，他们有自己的想法，有自己的习惯，也有自己想要做的事、想要走的路。作为父母，你可以反对，但不该轻易地否定男孩所做的一切。在与男孩进行沟通的时候，父母一定要注意自己的姿态和立场，只有父母先懂得理解男孩、体谅男孩，才可能让男孩放下戒心，把父母的意见真正听到心里。

Chapter 2

不粗暴，树榜样：
收敛你的坏脾气，棍棒教育要不得

中国有句老话："棍棒底下出孝子。"不少父母奉行这种"棍棒教育"的理念，一旦发现男孩犯错，总是二话不说就先打骂一通，总以为只要让孩子怕了，那么以后孩子就会听话，不会再做错事。殊不知，这种教育方式实际上蕴含的是一种抱怨的情绪，甚至是一种不良情绪的发泄，它所传达给男孩的也是一种不受信任、不被理解的信息。这种沟通方式往往只会让父母与男孩之间的隔阂越来越深，甚至激发男孩强烈的逆反心理，得不偿失。

1.好孩子都不是骂出来的

每个人都有情绪，父母也不例外。现在父母的压力都是非常大的，除了需要承担家庭的开支之外，还得时刻关注孩子的成长，如果家中有个调皮捣蛋的小子，那更是让人操碎了心。因此，在男孩犯错惹麻烦的时候，父母生气是再正常不过的事情了。但有的父母在生气的时候，往往不懂得控制自己的情绪和行为，教育男孩时往往口不择言，甚至出口成"脏"，这就是非常不恰当的行为了。

骂人、说脏话，或许能够让父母激动的情绪得到片刻的纾解，但对男孩造成的不良影响却是不可估量的。对于父母来说，动辄骂人这种行为只会拉低自己的身份和层次，而对于孩子而言，动辄被骂也不会让他们变得更优秀。要知道，好的孩子从来都是教出来的，而不是骂出来的。

陈刚是个脾气暴躁的人，但凡遇上点不顺心的事就能发火，虽然不至于动手打人，但说出来的话就不那么好听了。对此，陈刚的妻子说过他很多次，但他从来都不放在心上，在他看来，自己就是个糙汉子，何必非得学别人文绉绉的样子。

有一次，陈刚去幼儿园接儿子小光放学，刚进幼儿园，就看见小光指着一个小朋友大声吼道："你这个蠢蛋！怎么那么白痴啊，那么简单都学不会，拖我们的后腿，你爹妈是喂你吃什么长大的，废物！"

那个被小光指着骂的小朋友当即就大哭了起来，周围的小朋友都围着他们叽叽喳喳地讨论着什么。有几个胆子大的小朋友发声指责小光不该乱骂人，结果小光一撸袖子，蛮横地骂道："你们几个，是不是要跟这个屄蛋一伙！没骨气的东西，有种的就来跟老子干一架，让老子教教你们做人的道理！"

在小光冲上去之前，陈刚怒气冲冲地一把揪住了儿子的衣领，愤怒地骂道:"小兔崽子,谁是老子啊?你TM平时怎么说话的,谁教你这么骂人的啊!信不信老子回去打断你的腿!"

听到陈刚愤怒的声音,小光非但没认错,反而一边踢打着陈刚一边更大声地反驳道:"明明是他们几个尿蛋不对,凭什么打我?你不讲道理!你平时就是这么说话的,凭什么我不能说!你也是坏蛋,废物!我讨厌你!"

看着儿子一副小恶霸的样子,陈刚心里很不是滋味,想起平时妻子训斥自己的话,陈刚顿时感觉有些惭愧,尤其是看着小光对自己居然有这么大的"敌意",陈刚更是觉得心里有些难受。

小光会变成如今这个样子,作为父亲的陈刚绝对是罪魁祸首。单看陈刚骂孩子的样子和措辞就能知道,小光的种种行为不过也是有样学样罢了。如果陈刚自己在平时就总是一副动辄发火骂人的做派,又怎么能指望儿子变成一个知书达理、讲文明有礼貌的好孩子呢?而且,从小光对陈刚的种种埋怨和敌意也能看出,对于陈刚这个父亲,小光是抵触多于亲近的。

马克思曾说过:"你可以用各种行之有效的方法去影响孩子,可最好的方式还是你的行动。"父母的言行举止就如同男孩为人处世的教科书一般,如果父母总是表现得脾气暴躁、脏话连篇,那么男孩必然也会有样学样,养成这种坏习惯。

优秀的男孩是教育出来的,不是责骂出来的,而教育和责骂最根本的区别就在于，前者是在讲道理、辨是非，帮助男孩改正错误，变得越来越优秀；而后者则只是在发泄不满的情绪，并可能激发男孩的逆反心理，让男孩与父母产生隔阂。

所以，父母一定要记住，在孩子面前，无论多么生气，都不能放纵情绪，毫不考虑后果地责骂男孩，尤其是不要说脏话，这不仅关乎父母的自身形象，同时也关乎父母与孩子之间的亲密关系。

☞ **细节 23：尽量避免在情绪激动时与男孩交流。**

很多时候，父母之所以会对男孩说出不恰当的语言，往往是因为无法把控自己的情绪所致，因此，为了避免这种情况，父母应该尽量避免在情绪激动的时候与男孩进行交流。可以给自己一定的情绪"缓冲期"，等情绪平复下来之后再和男孩"讲道理"，以免将交流变成争吵，影响彼此之间的感情。

☞ **细节 24：以身作则，杜绝不文明语言。**

语言环境对语言习惯的形成有着重要的影响，为了杜绝男孩养成说脏话的习惯，父母应当以身作则，尽可能让男孩远离一切不文明语言。如果父母其身不正，总是口出污言秽语，那么即便道理说得再多，也不可能让男孩服气。

☞ **细节 25：父母说错话，一定要向男孩郑重道歉。**

每个人都会有情绪失控、说错话的时候，父母也同样如此，弦绷得再紧，也难免会出现意外的情况。比如在教育男孩的时候，父母可能因为急躁，一些不恰当的语言就脱口而出了。在这种时候，父母一定不能因为好面子就遮掩过去，或者干脆转移话题，而是应该郑重地向男孩道歉，用实际行动来告诉男孩，说出这些不恰当的语言是不对的。这样不仅能让男孩明白与人交流时不应该说不文明语言的道理，又能彰显父母勇于认错并且知错能改的品质，这对教育男孩是大有裨益的。

2.不当斥责，只会适得其反

在家庭教育中，最忌讳的一件事情就是不分青红皂白地斥责孩子。在一个家庭里，父母固然处于"统治地位"，但也必须遵循以理服人的准则，不能滥用"职权"，仅凭自己的好恶或一时的情绪就随随便便斥责孩子，这样不仅容易让孩子与父母之间出现对立情绪，甚至可能让孩子对父母产生恐惧或憎恶的心理，从而与父母的距离越来越远。

人都是有情绪的，尤其是现代人，随着生活节奏的日益加快，无论身处大城市还是小城市，人们肩上都扛着沉重的担子，更别说那些需要兼顾事业与家庭的父母了。压力往往容易让人的情绪变得起伏不定，而那些一直被焦躁情绪所困扰的父母难免会把这种情绪带到家庭之中，让自己在不知不觉中成了易燃易爆的"炮仗"。如果家里再有个活泼好动的"小祖宗"，那可真无异于四处乱窜的"火星"，一不留神便会引来一场伤人害己的"爆炸"。

　　王鹏最近和上司发生了一些争执，以至于在工作上处处受钳制，憋屈得不行。尤其这一天，上司"公报私仇"地对他无端指责，更是让他烦躁到了极点，回到家以后心情也依旧无法平静。

　　王鹏的儿子王小勇今年刚上三年级，非常活泼可爱。放学回家后，王小勇并没有发现爸爸的异样，依旧和平时一样，缠着爸爸说学校里发生的事情。

　　一开始，王鹏还能稍微控制一下自己的情绪，只是对儿子冷淡了一些，不管儿子说什么，都敷衍应付。到后来，王鹏已经烦躁得不行了，儿子却依旧兴致勃勃，叽叽喳喳，还非得缠着王鹏猜他手工课上做了什么东西。

　　这下子，王鹏终于忍无可忍，一把甩开儿子拽着他袖子的手，不耐烦地吼道："够了！你这孩子怎么那么不懂事！作业做了吗？书看了吗？上次考试就考得那么差，也不知道好好反省，一个小伙子，做什么手工！"

　　面对王鹏突如其来的火气，王小勇被吓得手足无措，抿了抿嘴，红着眼睛提上书包就默默进房间去了。之后好几天，王小勇都没有主动和王鹏说一句话，即便王鹏故意找话和他说，他也总是一副唯唯诺诺的样子，似乎对和爸爸进行交流有些抵触。

父母总以为，孩子年纪小不懂事，即便发生什么不愉快的事情，难过几天也就过去了，但实际上，孩子是非常敏感的，他们会根据别人对待他们的态度来调整自己在这个人面前的表现，这是一种天然的趋吉避凶的本能。父母如果总是用粗暴的情绪面对孩子，那么必然会触发孩子"避凶"的本能，扑灭孩子想要亲近父母的热情。就像王鹏，因为把工作上的坏情绪带回了家，无缘无故对儿子发火，不仅伤害了儿子的自尊心，更是让儿子失去了亲近他的想法和热情。

一位教育心理学家曾这样说过："一个在妈妈的苛责中成长的孩子，会潜意识地认为无论做什么都得不到妈妈的认可，长此下去，孩子就会失去进步的愿望，变得消极而怪僻。因此，妈妈们要经常给予孩子鼓励和肯定，有进步就赞赏，遇挫折则引导，培养他的自尊心和自信心，造就其良好的学习和生活习惯。要知道，这些都将是跟随孩子一生的，要比获得好的学习成绩重要得多。如果父母鼓励孩子始终以积极的心态去面对学习和生活，那么孩子所取得的成绩将会是不可估量的。可想而知，习惯性地苛责孩子无法取得这样的成效。"

当孩子做错事情的时候，父母批评他无可厚非，但如果父母是因为自己的不良情绪得不到排解，从而不分青红皂白地责骂孩子，那么只会让亲子关系越来越差，也让孩子越来越不愿意亲近父母。因此，在孩子面前，父母一定要懂得控制好自己的情绪，否则等待你的，恐怕只会是永无止境的"家庭战争"。

☞ **细节 26：控制脾气，不要把坏情绪迁怒到孩子身上。**

很多时候，父母对孩子无理由的斥责和批评，往往都是一种情绪的迁怒。迁怒是一种很正常的情绪表现，人在受到不良情绪困扰的时候，对人对事都必然不会有太多耐心，在这种时候，许多平时可能只会一笑置之的事情，往往会被无限放大。但即便如此，迁怒毕竟是不对的，尤其是在面对孩子的时候，父母对孩子的迁怒无疑是对亲子关系最致命的一种伤害。

因此，当父母情绪不佳时，不妨向孩子说明白，并尽量避免与孩子进行交流。如果已经因为坏情绪而迁怒了孩子，也不能当作什么事都没有发生，而是应该郑重地向孩子道歉，并给出相应的解释。要知道，很多时候，孩子往往比大人更"记仇"。

☞ **细节 27：批评要就事论事，切忌"翻旧账"。**

很多父母在批评孩子的时候，往往喜欢"翻旧账"，恨不得把孩子以往犯过的错误都拿出来再说一遍。这种习惯是非常不好的，很容易引起孩子的反感，甚至可能让孩子认为，只要是自己犯过的错，即便改正了也会一直被"说三道四"，从而自暴自弃。因此，在批评孩子时，父母一定要做到就事论事，做错了什么就讨论什么，哪里做错了就纠正哪里，避免加入过多的感情色彩。

☞ **细节 28：有事说事，不要扩大批评面。**

有的父母在批评孩子时，常常会把批评面扩大，让孩子的伙伴也遭受"池鱼之殃"。比如在现实生活中，常常会听到父母这样教育孩子："你就是整天和××混在一起，才会学坏！""你看看××那德行，跟他在一块儿玩你也好不了！""你以前多乖啊，都是××把你带坏了，以后不许和他玩！"……

在不少父母心中，自己的孩子必定都是好的，之所以会变坏，会做出不好的事情，那肯定都是受别人影响，被别人带坏的。这其实就是一种迁怒，这样的批评不仅不能让孩子认识到自己的错误，反而会让孩子越发觉得父母蛮不讲理。父母担心孩子交友不慎走上歪路也无可厚非，但如果把孩子犯的所有错误都归结到别人身上，那就真的毫无道理了。

当孩子做错事的时候，父母应该有事说事，让孩子明白自己错在哪里，为什么会做错，而不是推卸责任，扩大批评面。当孩子学会明辨是非的时候，即便没有父母的干涉和监督，相信他们自己也能够在生活中做出正确的选择，交优秀的朋友。

3.棍棒底下出"逆子"

中国有句古话："棍棒底下出孝子。"自古以来，不少父母都奉行着这种"棍棒"教育，认为对于孩子，尤其是调皮捣蛋的男孩，都是不打不行的，就像俗话说的"三天不打，上房揭瓦"。即便到了今天，依然有很多父母认为打孩子并不是什么过错，相反，这恰恰还能展现自己的权威和地位，让孩子"怕"，孩子一"怕"，管教起来也就容易多了。

但实际上，在现实生活中，因为父母打骂孩子而造成终身遗憾的事情并不少见：有的孩子因为惧怕父母打骂，在犯错后宁愿离家出走，也不敢面对父母的怒火；有的孩子在父母的打骂之下变得怯懦畏缩，甚至患上严重的心理疾病；有的孩子因为惹怒父母，被父母失手打死……在这种种的家庭悲剧面前，你还依旧认为棍棒底下能出孝子吗？

前些年，某地曝出了这样一则令人惊骇的新闻：

一名年仅16岁的中学生残忍地杀死了自己的亲生母亲，将其尸体藏起来之后，从家里拿走了600元钱，然后若无其事地去网吧上网。

母亲的尸体被发现之后，警察立即展开调查，并很快锁定了嫌疑人。几天之后，警察在一家网吧将这名中学生抓获。令人感到惊诧的是，在落网之后，甚至在整个讯问的过程中，这个年仅16岁的孩子居然没有任何惊慌的表现，甚至不曾出现任何后悔的情绪，反而隐隐流露出一种杀死母亲后的"痛快"。

都说血浓于水，为什么一个年仅16岁的孩子，对自己的亲生母亲却如此冷漠甚至残忍呢？

通过多番调查和了解，警察才知道，原来这个学生的学习成绩不太好，而他母亲又是个非常严厉的人，因为恨铁不成钢，所以常常会打骂他。而越是打骂，他就越是和母亲对着干，成绩也就更差，然后迎来的自然又是更加严厉的打骂。在这样的恶性循环之下，母子俩的感情一直都非常差。于是，终于在母亲又一次对他举起拳头的时候，早已被仇恨和愤怒摧毁理智的他选择了反抗，亲手杀死了自己的母亲。

可以说，这幕悲剧的发生与这个孩子的母亲所信奉的"棍棒教育"有直接的关系。

中国青少年研究中心曾在全国范围内针对未成年人犯罪展开调查，结果发现，这些未成年的犯罪者中有很大一部分是常常遭到父母打骂的。可见，家庭暴力对孩子造成的身心创伤是不容小觑的。一味地打骂不仅不能帮助孩子解决成长中遇到的各种问题，反而容易激起孩子内心的仇恨，让孩子形成扭曲的心理，从而与父母产生隔阂。

棍棒底下只会出"逆子"。要知道，暴力或许能在短时间内对孩子形成恫吓作用，让孩子因畏惧而不敢反抗父母，但在畏惧的同时，孩子也会滋生仇恨心理。当仇恨累积到一定程度之后，必然会如决堤的洪水一般暴发出来。就像那个16岁的中学生，母亲的棍棒教育并没有让他变成一个"孝子"，反而一步步将他逼迫成了一个杀人犯。

棍棒教育带给孩子的是身心的双重伤害，在这样的伤害之下，孩子又怎么可能健康、快乐地成长呢？不管什么时候，打骂孩子都是不可取的。暴力不会让孩子明辨是非，也不会让孩子变成更优秀的人，它只会让孩子变得逆来顺受、畏首畏尾，只会让孩子对父母产生反感、敌对的情绪，对孩子未来的成长有着巨大的副作用。

☞ 细节 29：学会控制并转移自己的负面情绪。

大多数情况下，父母打孩子都是因为一时无法控制自己的怒火，在打完孩子之后也往往会出现后悔的情绪。毕竟为人父母，没有谁会想故意伤害自己的孩子。所以，在发现孩子犯错之后，父母一定要先处理好自己的情绪问题，然后再和孩子进行沟通交流，以免在负面情绪的影响下对孩子做出过激行为。

在与孩子沟通的过程中，父母一定要能够放下身段，平等地与孩子进行谈话，尤其是当孩子提出不同的意见和看法时，父母一定要能客观地分析，不要一味否定孩子的意见。只有父母懂得站在孩子的角度去分析孩子提出的意见，才能更好地理解孩子的想法，与孩子建立起良好的沟通桥梁，从而更好地帮助孩子明辨是非。

☞ 细节 30：发怒时先照照镜子。

虽然我们总说要控制情绪，但谁都知道，控制情绪确实不是件容易的事情。没有人会喜欢面对一张生气的"臭脸"，孩子也同样如此。因此，在发怒的时候，父母不妨先照照镜子，看看镜子里的自己究竟是什么样，自己是不是真的要以这样的一副面孔去面对孩子。

☞ **细节 31：主动为自己的暴力行为道歉。**

如果父母在无法控制自己情绪的情况下对孩子发了脾气，甚至动了拳脚，那么事后一定要主动向孩子道歉，并反省自己的行为。不要以为孩子年纪小，好糊弄。要知道，父母的一言一行都是孩子效仿的对象，如果父母不让孩子明白暴力行为是不可取的，那么以后孩子在为人处世时，也会有样学样，用暴力去解决问题。

不管怎么说，父母都应该记住，打骂是缺乏修养的表现，也是父母对亲子关系的不良处理方式。如果父母总是奉行"棍棒教育"，那么很可能会让孩子形成一种"你有错，我就可以打你"的错误观念。这样一来，在面对冲突的时候，孩子很可能也会采取相似的方式，利用暴力去应对一切问题，这对孩子未来的成长和发展都是极为不利的。因此，为了孩子未来的健康成长，请放下暴力的拳头，这是为人父母应该遵守的最基本的义务。

4.维护孩子的尊严，让批评"悄悄"进行

很多父母在孩子犯错的时候，总是会不分时间、不分场合地斥责、批评孩子，似乎并不觉得这样做有什么不对，毕竟在父母看来，孩子年纪还小，不会像成年人那样考虑面子、尊严等复杂的问题。其实，人都是爱面子的，即便是年幼的孩童也不例外，甚至有的时候，孩子比大人还要敏感得多。

英国作家洛克曾这样说道："对儿童进行批评时，要在私下里执

行；对儿童的赞扬，则应当着众人的面进行。儿童受到赞扬后，经过大家的一番传播，意义会很大，他会以之为骄傲和目标，并在以后的岁月里更加努力去获得更大的赞扬。而当众宣布他的过失，会使他无地自容，会使他失望，因而父母制裁他的工具也就没有了。"

对于处在成长期的男孩来说，面子就如同他的尊严、他的"遮羞布"，如果父母总是当众训斥他，让他难堪，那么即便真的是他做错了事，他也可能因为自尊被冒犯而产生逆反心理，故意和父母"对着干"。

周末的时候，趁着父母有事回乡下，徐磊偷偷邀约了几个要好的同学到家里开派对。徐磊的父母并不是那种性格古板的人，平时也不反对他邀请同学到家里玩，但由于最近快到期末考试了，所以徐磊提了几次想在家里开派对，都被父母直接否决，可他偏偏又早在私底下放了话，于是才趁着这个父母都不在家的机会，偷偷办了这个派对。

原本徐磊琢磨着，父母回乡下怎么都得第二天才能回来，只要他晚上辛苦些，熬个夜，把东西都收拾整齐，也就不会被父母发现自己偷偷背着他们干的事。可没想到的是，偏偏徐磊运气不好：在回乡途中，徐磊的爸爸突然接到公司电话，要求他立即赶回公司处理一些事情，于是出行计划就只能暂时搁浅。徐磊的爸爸去公司，徐磊的妈妈就直接回了家。

可想而知，原本就因为回乡计划被耽搁而情绪不佳的妈妈，在推开门之后看到屋里一片狼藉的景象，心情会有多么糟糕。徐磊妈妈当即当着所有人的面严厉地训斥了徐磊一通，还把徐磊的同学们都"礼貌"地请走了。

徐磊自己原本也觉得很惭愧，毕竟自己非但不经父母允许就把同学请到家里办派对，还对父母说了谎，但在妈妈毫不给面子的训斥下，徐磊想认错的心思也没了，甚至愤怒地和妈妈顶了几句嘴，到最后恼羞成怒，摔门离开。后来几天，徐磊不是住在爷爷家就是住在外公家，死活不肯回去。

在这件事情中，徐磊的确做错了，他不仅对父母撒了谎，而且还擅作主张，在父母没有同意的情况下私自在家招待同学。但徐磊妈妈的做法同样也有失偏颇，她当众训斥让徐磊在同学面前丢尽了脸面，深深地伤害了徐磊的自尊。原本对于自己的错误，徐磊内心是存在愧疚与反省情绪的，但徐磊妈妈的做法却激发了徐磊内心的愤怒情绪，反而让他打消了对自我的反省和愧疚，甚至产生了和妈妈"杠"到底的想法。

不少脾气火暴的父母都有这样的习惯：不分时间、不分场合地教训孩子。作为长辈，管教孩子并没有什么过错，但也应该顾及孩子的面子和自尊。成长过程中的男孩的自尊心往往比成年人还要强，他们正处于一个寻求独立、完善自我的阶段，极度渴望得到别人的认可与尊重，如果父母总是不顾他们的面子，伤害他们的自尊，那么他们就很容易对父母产生抵触情绪，从而影响家庭的和谐。

为了维护孩子的尊严，批评还是"悄悄"进行的好，否则即便是有道理的话，也可能让孩子因为自尊受挫、恼羞成怒而故意反其道而行。维护孩子的自尊是非常重要的，就如美国儿童心理学家詹姆斯·杜布森博士所说的："有千百种方法可以让孩子失去自尊心，但重建自尊却是一个缓慢而困难的过程。而当众批评，则会让恢复自尊变得比登天还难。"

☞ 细节 32：转变观念，懂得给孩子留面子。

有的父母当众批评孩子，是因为觉得孩子年纪小，不懂事，因此没必要考虑面子、尊严之类的问题；而有的父母当众批评孩子，则完全是为了顾全自己的面子，想把自家"有教养"的一面展现给别人看。

不管是出于怎样的原因，父母都应该积极改变这种习惯。我们批评孩子最终的目的只有一个，那就是帮助孩子改正错误，让他们成长为更优秀的人。在这个过程中，如果我们不懂得尊重孩子，那么只会让孩子更不愿意接受我们的批评，甚至破坏彼此之间的关系。

☞ 细节 33：批评还是"悄悄"进行的好。

孩子做错事，父母自然要批评教育，但在批评之前，父母更应该站在孩子的角度，好好想想如何维护好孩子的尊严。没有谁会喜欢在大庭广众之下接受"教育"。试想一下，如果在单位里，领导每次都当着其他同事的面指责你、批评你，你会对领导毫无意见吗？己所不欲，勿施于人。作为父母，维护孩子的尊严也是需要承担的义务之一。

如果当你准备就某件事批评孩子的时候，发现他正和其他人在一起，那么不妨将他叫到一边，或者给他一些时间，等候他与其他孩子的游戏结束之后再谈。在批评孩子的时候，最好能找一个安静的地方"悄悄"进行，这是对孩子最起码的尊重，而这样做的效果也必然会比在大庭广众之下批评孩子要好得多。

5.别让坏脾气成为男孩胆怯的"催化剂"

每位父母都渴望自己的子女日后能够成为出类拔萃的优秀人才，于是，在发现自己的孩子存在某些方面的缺陷和不足时，会有一种"恨铁不成钢"的心理，一味责怪孩子、苛求孩子。父母这样做或许是指望能够通过这种方式来激励孩子，让孩子变得勇敢奋进。殊不知，这种方式却反而可能导致孩子失去自信，成为滋生胆怯心理的"催化剂"。

虽然俗话说"严师出高徒，严管出孝子"，但"严"不等于苛责，父母在管束男孩时可以要求严格，但不意味着就能放纵自己的坏脾气，动辄打骂。父母与男孩之间的关系就像弹簧一样，父母越是挤压，施加在男孩头上的压力越大，便只会让他们越发想退缩。

小川从小就是个腼腆害羞的男孩，和其他那些天不怕地不怕的捣蛋鬼完全不同，在那些捣蛋鬼"上房揭瓦"给家长添堵的时候，小川则更喜欢安静地坐在家里看书。原本来说这样的个性能给家长省不少心，但偏偏小川的爸爸是个风风火火的急性子，总觉得男孩子就该调皮好动一些，像小川这样文文静静的反而入不了他的眼。

为了"纠正"儿子的性格，小川爸爸可谓煞费苦心，只要一有机会就把小川带在身边，强迫他和那些调皮捣蛋的男孩一块儿玩，强迫他在别人面前表演自己的才艺，美其名曰"练胆"。但凡小川做得有一点儿不好，小川爸爸就大发雷霆，冲着儿子一顿训斥。

虽然小川爸爸从没真正对儿子动过手，但他那急脾气也让小川惧怕不已。在爸爸夜以继日的"恫吓"之下，小川非但没能改掉自己腼腆害羞的性格，反而变得越来越畏畏缩缩，胆小怯懦，尤其是爸爸在场的时候，小川更是常常紧张得连说话都结巴了。

今年小川已经上初中了，但性格却越来越孤僻，就连在学校里也不愿意和其他同学一块儿玩。小川爸爸很是着急，却又不知道自己该怎么办，每次他试图和儿子好好谈一谈的时候，看着儿子那低眉顺眼的样子，又气不打一处来……

每个人都有各自不同的性格，即便是男孩子，也不都是活泼好动、调皮捣蛋的。天性腼腆害羞的小川心思本就比大大咧咧的男孩子要敏感得多，可偏偏小川爸爸又是个急脾气的人，总是一言不合就开骂。虽然小川爸爸没有对小川动过手，但这样的相处模式对于小川来说无异于一种心理上的伤害。爸爸的暴脾气让小川时刻处于恐惧之中，而恐惧的结果就是让小川越来越惧怕爸爸，想要逃离爸爸，甚至封闭自我，变得越来越孤僻内向。

刚刚接触这个世界的男孩都有展现自己的渴望，希望自己能够得到别人的认可，但同时，伴随着这种渴望的还有不同程度的胆怯和恐惧，在这种时候，父母对孩子的态度就至关重要了。当男孩在渴望与胆怯之间徘徊的时候，如果父母能够及时给予他们一些肯定，便能促使他们鼓足勇气，一步步走出去；但相反，如果在这个时候，父母加诸他们身上的是苛责与训斥，那么只会增加他们的心理负担，让他们对未来更加胆怯，直至缩回自己的"壳"里，用封闭自我的方式来保护自己。

父母应该懂得，对于成长时期的男孩来说，他们最需要的，是父母的尊重与肯定，即便他们做了错事，也不希望面对父母的怒火与责骂。他们渴望的是一个温和讲理的引路人，是一个能够给予他们爱与宽容的胸怀的人。

成长期的男孩的可塑性是非常强的，心理也是非常敏感的，父母对他们的态度直接决定了他们的心态。尤其是对于那些本就缺乏自信的男孩，父母的训斥和批评只会让他们更加怀疑自己，对自己更没有自信。所以，想要让男孩健康、快乐地成长，父母就不能一味奉行"黑脸"教育，别让自己的坏脾气成为令男孩恐惧的"尖刀"。

☞ **细节 34：建立轻松的沟通环境。**

为了时刻了解男孩的心理活动，父母应该保证定期与男孩进行沟通，在沟通的过程中，建立一个轻松无负担的沟通环境是非常重要的，只有先让男孩放下戒心，父母才能真正探询到男孩的心思，了解他们内心真正的想法。

需要注意的是，在与男孩聊天时，即便男孩的想法不符合父母的期望，父母也绝对不能用身份来压人，强迫男孩顺从自己，而是应该以平等的身份来"以理服人"。

☞ 细节 35：利用"卡通式语言"教育孩子。

不少孩子之所以不愿意对父母敞开心扉，不外乎是惧怕父母，觉得父母野蛮不讲道理。所以，想要走进孩子的世界，了解他们真实的想法，父母要做的第一件事就是消除孩子内心的恐惧。

在与年纪较小的男孩沟通时，父母不妨试着改变一下自己的说话方式，弱化自己的"威慑性"。比如要纠正男孩贪玩的毛病时，父母可以夸张地对他说："我刚才给圣诞老公公打了个电话，汇报了你最近的表现，他说你最近太贪玩了，再这样下去，今年给你的礼物就会变成最小的哦！"这种"卡通式语言"往往能够弱化批评的效果，对男孩也能起到一定的告诫作用。但需要注意的是，父母借助的卡通形象一定得是男孩熟悉并喜欢的，否则很难引起男孩的注意。当然，这样的沟通方式也只适合年龄偏小的男孩。

☞ 细节 36：改掉随便骂人的坏习惯。

很多坏习惯都不是一朝一夕就养成的，比如骂人。有的父母骂孩子是因为情绪失控偶尔为之，但也有父母骂孩子是一种习惯。为了孩子未来的健康成长，父母一定要下决心改掉骂人的坏习惯，杜绝一切不文明语言，给孩子一个干净、文明的成长空间。

当然，想要纠正一种习惯不是件容易的事情，如果父母觉得力不从心，不妨考虑求助于有关方面的专家，比如可以考虑报名参加礼仪培训班，或者加入一些相关的社交培训机构等。

6.奖惩得当，让男孩心服口服

要管理好一个国家，就必须制定公平的律法；要管理好一个企业，就必须遵循相应的规章制度；而要培养好一个孩子，就必须有必要的奖惩方式。

金无足赤，人无完人，人都会有犯错的时候，成长中的男孩更是如此。当男孩犯错的时候，父母不能听之任之，只有给予适当的惩罚，才能让男孩意识到自己的错误，从而引起警惕；同样的，当男孩取得成绩的时候，父母也要给予相应的肯定和奖励，这样才能激励男孩继续加油，再接再厉。但不管是惩罚还是奖励，都要讲究一个"度"，只有奖惩得当，才能让男孩心服口服。

李亮和李斌是一对双胞胎兄弟，性格却大相径庭。李亮从小就活泼好动、调皮捣蛋，没少因为惹事被爸妈揍；李斌性格则要稳重得多，从小就像个小大人，从来不让父母操心。虽然都是亲儿子，但这两相对比之下，显然乖巧懂事的李斌更得父母的心。

人一旦有了偏爱，在处事方面就难免会有所不公。一次，爸爸妈妈接到学校的通知，让他们去学校一趟，说儿子和别班同学打架。一到学校，不等老师开口，妈妈就直接把李亮逮了出来一通训斥。这李亮在学校惹是生非被叫家长已经不是第一次了，想到儿子以往的种种恶行，爸爸更是气不打一处来，恨不得直接把他按在地上揍一通。

　　可令人意外的是，这一次打架被请家长的主角居然不是李亮，而是从来不给家里惹事的李斌！这让爸爸妈妈很是意外，毕竟李斌从来都是乖孩子、优等生，这种事情怎么想也不可能发生在他身上呀！

　　得知了情况之后，妈妈忧心忡忡地把李斌拉到一边，低声细语地询问到底发生了什么事，无辜被牵连的李亮则完全被冷落在一旁。看着偏心至此的父母，李亮顿时觉得气不打一处来，当天放学回家趁大家不注意，留下一封信之后就离家出走了。信上指责了父母从小到大的种种偏心之举，在信的最后，李亮甚至还写了这么一句话：有时候我真的怀疑自己到底是不是你们亲生的儿子！

　　父母对儿子的爱是毋庸置疑的，但不可否认，在对待李亮和李斌两兄弟时，父母的确有所偏差。当然，从父母的角度来说，两个儿子一个调皮捣蛋，一个乖巧懂事，放在一起一对比，自然会更偏爱那个乖巧懂事的。但从儿子的角度来说，明明都是做错事，父母却有着截然不同的处理态度，难免会伤害到儿子的感情。

无论是奖励还是惩罚，最重要的在于公平和适度，只有奖惩得当，才能在管教男孩时让他心服口服。试想一下，如果在公司里，你和同事一起犯错，老板却只惩罚你，对同事却极尽宽容，你心里会觉得服气吗？会愿意依然无怨无悔地在这个公司工作吗？

此外，不管孩子是有了功劳还是犯了过失，都有轻重之分，根据功过的轻重，父母对孩子的奖惩也必须做到得当，不能随着心意，不按章法地胡来。要知道，父母的态度就如同孩子成长路上的引路明灯一般，根据父母的不同态度和不同反应，孩子会对自己的行为作出一个评定，知道哪些事情应该做，哪些事情不该做，哪些错误可以原谅，哪些错误不能原谅。

为人父母，最大的责任是要努力帮助孩子成长为一个健全的人，让孩子能够明白道理，懂得分辨是非。而要做到这一点，父母就一定要规范好对孩子的奖惩方案，让孩子心服口服地接受父母的教育。

☞ 细节 37：奖惩要公平、适度。

任何一种能让人心服口服的规章制度，最基本的前提就是公平和适度。因此，在教育孩子的时候，父母也应该保证把奖惩做到公平、适度。

所谓公平，指的就是一视同仁，这不仅是对孩子的一视同仁，对孩子与大人也应该做到一视同仁。比如父母告诉孩子不能撒谎，撒谎会受到一定的责罚，那么父母本人也必须以身作则，不能"只许州官放火，不许百姓点灯"。

所谓适度，指的就是奖励和惩罚的程度把握，做多大的事，就收获多少回报。不能凭着一时的好恶或情绪的好坏随意地对孩子进行奖赏或惩戒，而是必须让孩子明白，自己做这件事情究竟应该得到多少，只有明确了这一点，孩子才能更清晰地认识自己，也认识自己的行为。

☞ 细节 38：提前制定好奖惩方式。

不管是奖励还是惩罚，最终的目的都是帮助孩子减少错误，鼓励孩子变得越来越优秀。因此，父母不妨与孩子一起制定明确的奖惩方案，让孩子知道，犯什么样的错误会受到什么样的惩罚，而做了什么样的好事会得到什么样的奖励。让孩子心中有数，不仅能在一定程度上约束孩子的行为，而且提前约定好奖惩方式，也可以避免孩子在犯错之后对父母的惩罚措施有所微词。

☞ 细节 39：奖惩过后别忘了思想工作。

在奖惩过后，父母千万别忘了给孩子做思想工作。很多时候，孩子的想法是非常简单的，做一件事，不会去想对在哪里又错在哪里，而我们之所以要对孩子进行奖励或惩罚，最终的目的其实都是帮助孩子明辨是非。因此，在奖惩过后，父母应该及时与孩子进行沟通，让孩子明白自己究竟为什么会得到奖励或者惩罚。只有让孩子充分理解父母的奖惩动机，他们才能真正体会父母的一番苦心。

7.让孩子远离"冷暴力"

在现实生活中，你曾对孩子说过这样的话吗？

"再不听话，我就不要你了，让警察叔叔把你带走！"

"怎么又不及格？你怎么那么笨啊，怎么教都教不会，都学到哪儿去了？"

"你知不知道爸爸妈妈为你付出了多少？你怎么那么没用那么不争气啊？你对得起爸爸妈妈吗？"

……

如果你曾对孩子说过类似的话，那么恐怕应该反省一下了，因为你已经在无形中对孩子动用了"冷暴力"。

所谓家庭"冷暴力"，指的就是父母以一种极不友好的方式故意刺激孩子、伤害孩子情感的行为和态度，虽然它不会对孩子的身体造成直接伤害，但它实际上却是一种对孩子的感情虐待、心灵摧残，对孩子造成的心理伤害也是不容忽视的。

通常来说，发生在家庭中的"冷暴力"有三种常见形式：

第一种是语言上的威胁。比如许多父母在孩子不听话的时候，常常会吓唬孩子说"再不听话就把你丢掉"之类的话，这其实就是一种语言威胁，让孩子因恐惧而选择服从。不少父母可能觉得这不过就是一句玩笑话，但事实上，类似这样的话往往会让孩子感到极度不安全，从而滋生担惊受怕的情绪，长此以往，对孩子的心理伤害是非常大的。

第二种是嘲讽羞辱。有的父母在发现孩子不能达到自己的期望时，常常会对孩子说出一些具有讥刺羞辱意味的话语，比如"你怎么那么笨""你怎么那么没用""你就是个废物"，等等。父母说出这样羞辱性的语言，可能是为了发泄内心的不满情绪，也可能是想通过这种方式去刺激孩子，以激发孩子的上进心，但不管是出于哪一种原因，对孩子说出这样的话都是极不明智的。对于孩子来说，父母是他们最亲近的人，父母对他们的看法和评价是非常重要的。如果父母总是给孩子贴上这样羞辱性的"标签"，那么无疑是对孩子自信心的沉重打击。

第三种是贬低压抑。有的父母对孩子总是"不放心"，不管孩子做什么，都会表现出一种怀疑和否定的态度，甚至常常对孩子说出贬低性的语言，比如"你也不照照镜子，真以为自己能做成啊""你以为你是谁，想得那么美"，等等。这样的语言和态度会让孩子在不知不觉中形成一种低能力的认知，对孩子所造成的伤害可能比孩子自己遭遇失败时的伤害还要大得多。

诚诚是个活泼好动的男孩，从小就没少惹事让妈妈生气。一开始，妈妈还会耐心地教育诚诚，但时间久了之后，妈妈也失去了说教的耐心，再碰上儿子犯错，总是会忍不住冷嘲热讽几句"你没救了""笨成这样可真是没办法"之类的话。

在妈妈日复一日的嘲讽中，诚诚开始变得越来越沉默，也越来越没有自信，不管遇到什么事情总是踌躇不前，生怕自己做不好。他觉得自己就像妈妈说的那样，又笨又没救，不管做什么一定都做不好，所以倒不如什么都不要做好了。

壮壮和诚诚的遭遇有些像，但不同的是，壮壮没有变得像诚诚那样怯懦，而是用逆反的方式来对妈妈进行反抗。

一开始在遭到妈妈的嘲讽打击后，壮壮也曾消沉过一段时间，到后来，他逐渐对妈妈的冷嘲热讽感到麻木后，长期积压的不满和委屈就转变成了难言的愤怒，于是他开始事事和妈妈唱反调，妈妈不让做的偏要做，妈妈希望做的偏不做，以此来宣泄自己的不满情绪。

诚诚和壮壮其实都是家庭"冷暴力"的受害者。在家庭教育中，"冷暴力"是一种可怕的隐性伤害，由于隐蔽性较强，因此很多父母可能都没有察觉到这一点，一直到孩子表现出心理或行为上的障碍之后才会意识到问题的严重性。

成长中的男孩的自尊心是非常强的，父母的"冷暴力"无异于是对他们自尊心的一种践踏。所以，作为父母，一定要懂得用和善的态度来面对孩子，保护孩子的自尊，让孩子远离家庭"冷暴力"，也只有这样，才能让孩子真正健康快乐地成长。

☞ 细节 40：夫妻关系和睦是家庭和睦的前提。

在一个家庭中，父母关系是否和谐直接影响到家庭的关系和氛围，只有保证父母之间交流顺畅，能够相互体谅、相互关心，才能真正为孩子建立一个和谐的家庭环境，让孩子有安全感，避免产生被冷落、被忽视的感觉。

☞ **细节 41：学习如何教育孩子及与孩子沟通。**

教育孩子是一门科学，有着系统的方式和技巧，作为父母，应该多涉猎一些这方面的知识，学会如何正确地与孩子沟通，从而让孩子愿意对你打开心扉，并接纳你的意见。只有保证父母与孩子之间沟通顺畅，才能从根本上杜绝家庭"冷暴力"的发生。

☞ **细节 42：约定一些特殊方式，给彼此一个"情绪缓冲期"。**

每个人都有难以控制情绪的时候，在这种时候，人往往很容易发脾气，甚至说出许多违背本意的伤人的话。为了避免这种情况的发生，父母不妨和孩子约定一些特殊的方式，以避免在情绪不佳时发生冲突和碰撞。

比如父母可以和孩子约定用不同的贴纸来表示不同的意义，比如出示红色贴纸，就表示现在非常忙碌，希望对方暂时不要打扰；出示绿色贴纸就表示现在感觉非常疲惫，需要片刻的休息；出示黄色贴纸就表示现在情绪不佳，暂时不适合谈话……用这样的方式，不仅能够让父母和孩子掌握彼此的情绪变化，同时也能帮助彼此避开对方情绪不佳的时候，给彼此一个"情绪缓冲期"。

Chapter 3

不抱怨，多欣赏：注意心灵呵护，小心你的软暴力

著名的心理学家威廉·詹姆斯曾说过："人性中最深切的心理动机，就是被赏识的渴望。"每个人都期望得到别人的赏识，孩子也同样如此。在教育孩子的过程中，赏识是非常重要的组成部分，也是父母引导孩子积极奋进的一种重要手段。父母对孩子的赏识能够引导孩子树立良好的道德规范，培养良好的行为习惯，并促进孩子往更好的方向持续发展。

❧❧❧❧❧

1.妈妈的偏见，男孩的深渊

在现实生活中，很多父母在教育男孩时，都秉持着"严管出虎子"的观念，对男孩要求极其严格，但凡缺点或错误绝不放过，甚至只要发现一点儿苗头就会展开严厉的批评和教育，誓要把一切不良因素消灭在摇篮之中。理论上看，这种教育方针并没有什么问题，父母的出发点也是为了男孩的未来考虑，但从现实情况来看，这样的教育方法得到的结果却往往不甚理想。

其实，这样的结果并不奇怪。严格的要求的确能够在一定程度上束缚人的行为，但如果被束缚的人不能了解这种苦心，甚至对这种方式产生抵触心理，那么反而会产生逆反的情绪。众所周知，最好的教育是因材施教，即根据受教者的具体情况来提供适合他的、他需要的教育。教育男孩同样也是如此，父母必须去了解男孩的心理特点，否则不管理论上多么完美，如果教育方式不符合男孩的心理特点，那么也是毫无用处的。

从心理学上来说，男孩从懂事的时候开始，就会产生被信任、被欣赏的渴望，而这种渴望正是促使他们奋发进取、积极向上的一种内在驱动力。对男孩来说，父母给予他的信任和欣赏是对他的一种尊重，也是对父母与子女平等关系的一种认可。

但在日常生活中，很多父母却都意识不到这一点，甚至有不少父母为了督促男孩变得更优秀，故意处处对男孩"看不顺眼"，以为用严苛的要求和态度就能"望子成龙"。

赵鑫从小就是个机灵鬼，脑袋瓜聪明得很，但偏偏就是没长性，不管做什么都是三分钟热度，这让妈妈很是头疼。

一个周末，妈妈和赵鑫一块儿玩一个手机游戏，妈妈得了一个很高的分数，赵鑫玩了好几次都超越不了，妈妈便开玩笑地说了一句："瞧瞧，知道什么叫'姜还是老的辣'了吧。小子，你还嫩得很！"没想到，这一句话激起了赵鑫的好胜心，他整整一下午就捧着手机，一直到晚上终于超越了妈妈的分数之后才作罢。

在发现儿子的好胜心之后，妈妈决定利用这一点来帮助儿子改掉坏习惯。于是之后，妈妈开始经常批评赵鑫：

"你看看你，都 10 岁的人了，还整天什么都不会做，不知道帮妈妈分担家务！"

"你是不是脑子不够用啊，别人能考 99，你就考 59，丢不丢人啊你？"

……

或许真的是批评起了作用，有一段时间，赵鑫真的一反常态，不仅偶尔会帮妈妈做家务，学习成绩也有了一定提升。尝到甜头以后，妈妈对赵鑫的要求就更多了，对他的批评也同样越来越多，不管赵鑫做什么，妈妈几乎都能挑出毛病来批评他。

有一次期中考试，赵鑫的数学没有及格，其他科目的分数倒是还不错，相比以往来说有了很大进步，老师也在班上表扬了赵鑫。回家之后，赵鑫兴致勃勃地把成绩单拿给了妈妈，妈妈一看，却深深地叹了口气，不高兴地对赵鑫说道："你看看你看看，这数学成绩，平时让你多做些题你不听，这回好了吧！又不及格！"

听着妈妈絮絮叨叨的批评，赵鑫抿着嘴不说话，一把抢过自己的成绩单回了房间。之后赵鑫又故态复萌，甚至变本加厉，不仅不再帮妈妈做家务，连学习也都不怎么上心了，不管妈妈怎么批评，他都摆出一副"死猪不怕开水烫"的样子。

赵鑫说，反正不管自己做什么，妈妈都不满意，那还不如什么都不做了。

赵鑫妈妈利用儿子的好胜心来激发儿子的斗志，让他变得积极奋进，这原本没有什么错，但赵鑫妈妈错就错在做得太"过"了。要知道，孩子的心理都是非常脆弱的，尤其是在面对父母的时候。对于孩子来说，父母的肯定和认可是非常重要的，因此，父母应该明白，对儿子溺爱固然不对，但过分的苛责也会打击儿子的自信心和积极性，在儿子心中埋下自卑阴暗的种子。

男孩其实也和成年人一样，渴望被理解、被尊重。而有的父母因为担心男孩滋生骄傲自满的心理，所以总不愿当着男孩的面夸奖他，甚至还会故意在男孩身上找毛病来批评他。殊不知，在男孩的成长中，如果只有批评和苛责，却缺少赞扬与肯定，那么势必会让男孩变得自卑，对自己失去信心，甚至可能因为父母对自己的"偏见"而选择自暴自弃。

所以，在教育男孩时，父母一定要懂得以欣赏的眼光来看待男孩，这是送给男孩最珍贵的礼物。

☞ 细节 43：拒绝猜疑，不要轻易否定男孩。

父母关心男孩无可厚非，但绝不能毫无理由地猜疑、否定男孩，这对男孩来说是一种难以磨灭的伤害，对父母与男孩之间信任的建立也有百害无一利。父母应该明白，男孩不是你们的私有物品，他有自己的性格和脾气，有自己的想法和选择，即便是父母，也没有资格强迫男孩按照自己的意愿去成长。因此，当你发现男孩的行事作风不符合你的风格，与你的期望相差甚远时，不要轻易地去否定他，而是应该尽量给予其理解和信任。

☞ **细节 44：尊重男孩，认真听取他的意见。**

很多父母因为觉得男孩年纪小不懂事，所以常常会自动忽略男孩的意见，让男孩在家庭中失去话语权。虽然很多时候，由于受到经验和思维方式的限制，男孩确实未必能给父母什么有用的建议，也未必就真能帮上父母的忙，但不管怎样，父母都应该让男孩有发表自己意见的权利，这是对男孩的尊重和认可。

☞ **细节 45：信任男孩，不要轻易阻拦他做想做的事。**

只要男孩言行得当，不做错事，作为父母，就应该在一定范围内给予他自主选择的权利，让他去做自己想做的事情。即便父母对于男孩想做的事情不认可，也不应该凭着自己的好恶指手画脚，强迫男孩按照自己的意愿去做事。很多时候，男孩远比你想象的更加优秀，所以请信任你的男孩，不要轻易阻拦他去做自己想做的事。

2.男孩自尊心，万万伤不得

一大早，方女士就接到儿子班主任打来的电话，告诉她说前两天在学校门口的小饭馆里看到儿子刘明请几个同学吃饭。刘明今年刚上三年级，平时方女士因为怕他乱花钱，所以也不怎么给他零用钱，按理说，他根本不可能有钱请同学吃饭。

在接到班主任的电话之后，方女士就查看了一下自己平时放在抽屉里的钱，一数才发现，果然是儿子自作主张拿了自己的钱。

下午刘明放学回到家之后，方女士就把他叫了过来，问他："听说前两天你在学校外面的餐馆请同学吃饭了？"

一听方女士的话，刘明就慌了，低着头支支吾吾地应道："是……是的……上周选班委，我当选了副班长，所以就……就请他们几个吃饭……庆祝一下。"

按捺住心头的怒火，方女士尽量用平静的语气问道："庆祝一下？难道是你说好贿赂他们，请他们吃饭，所以他们才推举你做副班长？"

刘明赶紧摇头否认："不是这样的，他们是我的好朋友，以前他们也请我吃过饭，所以我想回请他们。"

方女士继续问道："那你怎么有钱请同学吃饭的？"

刘明迟疑了许久才轻声答道："从……从你卧室的抽屉里拿的。"

方女士皱了皱眉："你觉得自己这件事做得对吗？"

刘明把头埋得更深了："我错了妈妈……我不该偷偷拿家里的钱。"

方女士叹了口气："明明，你现在还小，别学那些成天请来请去、吃吃喝喝的社会风气。友谊不是靠你请我吃饭、我请你喝酒这种方式来维系的。再说，你没有经过爸爸妈妈的同意就私自拿家里的钱，这样的行为叫作偷窃，是犯罪，你明白吗？"

刘明惭愧地低着头，扯了扯方女士的袖子："我错了妈妈，我真的知道错了，我以后再也不会这样做了。"

方女士点点头，又问道："那你可不可以告诉妈妈，为什么你不把这件事情告诉妈妈，正大光明地来和妈妈要钱，而是选择自己偷拿呢？"

"因为妈妈你总说外面的东西不干净，不让我在外头乱买东西吃……"刘明顿了顿又接着说道，"我之前就和他们说好了要请客吃饭，本来一开始想让他们到家里来吃的，可是最近你和爸爸都很忙，又没时间。"

听了刘明的解释，方女士理解地点点头："你能体谅爸爸妈妈的辛苦，妈妈觉得很高兴，妈妈知道明明是个好孩子，但明明你也要知道，即便是这样，你的做法依然是错的，以后再也不能这样了。以后有什么事，你都要老老实实告诉妈妈，知道吗？这是我们母子之间的信任。"

刘明重重地点点头："嗯，妈妈，我答应你，以后什么事情都会告诉你的！"

方女士是位很有智慧的母亲，尽管儿子刘明犯了错，但她依然努力克制住了自己的情绪，用平静温和的态度去和刘明进行交流，一步步问清楚事情的缘由，并让刘明自我反省，明白自己到底错在了哪里。方女士的教育方式无疑是成功的，没有大动干戈，在维护住儿子自尊心的同时，也让儿子明白了母亲对他的信任和期许。相信经过这一次的事情，刘明以后再有什么想法，一定会更愿意和方女士交流，并听取她的意见。

遗憾的是，在现实生活中，许多父母在教育男孩时却都没有方女士这样的耐心，一听说男孩犯了错，往往不是一顿声色俱厉的批评，就是一出大动干戈的打骂。当然，既然犯了错，必然要接受相应的惩罚。从道理上来说这似乎没有什么问题，但需要注意的是，我们所面对的，是身心发育皆不成熟的男孩，他们的心理和成年人是有很大差别的。他们往往比大人更敏感也更脆弱，父母的一顿责骂或许是出于关爱，但如果男孩不能理解，那么会很容易伤害他们的自尊，打击他们的自信。

所以，作为父母，不管什么时候，都要懂得站在男孩的角度上想一想，了解他的心理状况，即便是在他犯了错的时候，也应该用他能够承受的方式去告诫他，教会他明辨是非。男孩的自尊就如同玻璃一般，打碎容易，再想粘合得完好如初却是极为困难的。

☞ **细节 46：注意与男孩沟通时的语言模式。**

语言是非常神奇的，同样的一个意思，可以有许多不同的表述方式，带有许多不同的感情色彩。有的父母在和男孩沟通的时候，尤其是在情绪比较激动时，往往会无意识地将讽刺的语言"习惯化"，脱口而出一些容易伤害男孩自尊心的话语，比如"你怎么那么没出息""你这么笨以后能做什么""猪都比你有用"……

一位教育学家曾这样说过："讽刺就好像一堵墙，在父母和孩子之间形成一种无形的障碍，造成了父母和孩子的对抗。"很多时候，即便那些刻薄的语言不是出自真心，但它对男孩心灵的伤害却是毋庸置疑的。所以，作为父母，在与男孩沟通时，一定要懂得控制自己的情绪，注意沟通过程中的语言模式，别让语言如炸弹一般炸毁男孩自尊和自信的堡垒。

☞ 细节 47：学会欣赏男孩的与众不同。

大部分的父母总是希望儿子能活成自己的样子，但男孩不是父母的附庸，更不是父母的克隆体，他们有自己的思想、自己的兴趣、自己想要选择的未来。有的父母因为不了解或者不认同男孩的喜好或选择，常常会表现得嗤之以鼻，甚至以不公平的言辞去打击男孩。

要知道，在这个世界上，没有任何人可以去决定另一个人的人生，哪怕是父母也同样如此。真正的爱不是禁锢而是理解和包容，没有任何人能够真正预知哪一条路的尽头是鲜花和荣耀，哪一条路的尽头是深渊和荆棘。所以，不要总把自己当成高姿态的评论家，真的爱孩子，就应该懂得欣赏他的与众不同，懂得理解他的梦想、他的渴望，这是作为父母能给男孩最好的爱，也是最好的成长礼物。

☞ 细节 48：告诉男孩，你会做他坚强的后盾。

父母对男孩最大的尊重就是支持。即便你对他的一些想法有所质疑，即便你对他的某些选择不甚赞同，但这也并不妨碍你选择成为他坚强的后盾。

父母应该明白，总有一天，依赖你的男孩会长大，会脱离你的保护，为自己的未来奋斗，为自己的人生打拼。你不可能永远将他禁锢在身边，也不可能永远张开双臂为他抵挡风雨的侵袭。所以，你能给他的最好的爱和尊重，就是支持他，做他的后盾，让他可以无后顾之忧地去追求自己所想、所期盼的一切。

3.消极暗示，是对男孩的心灵肆虐

当奔跑的男孩跌倒在地上时，父母会有什么样的反应呢？

有的父母会心疼地扶起男孩，小心翼翼地四处查看有没有摔伤，然后抱着委屈得眼泪直流的男孩不住地安慰："宝宝，是不是很疼？来，妈妈/爸爸看看，给你吹吹。"

有的父母则会站在一旁，鼓励地对男孩说："没关系，自己爬起来。"然后看男孩从地上爬起来之后，拍拍裤子继续若无其事地玩耍。

同样是摔跤，父母的不同态度却会教养出不同的男孩，前者娇气脆弱，后者则勇敢坚强。归根结底，这都是父母教育男孩时表现出的不同态度所给出的"暗示"所致。面对摔跤这件事情，父母的表现如果是紧张兮兮、关心过度，那么无异于是在向男孩传递一种暗示：摔跤这件事很严重，你摔在地上非常疼。但如果父母的表现冷静又淡定，那么所传递给男孩的暗示显然就是：摔跤不过是件小事，没什么大不了的。很显然，前者所传递的暗示是消极的，而后者所传递出的暗示则是积极的。

心理学家认为，人的意识与潜意识就像一片沃土，而自我暗示就是播撒种子的控制媒介。当给予积极的心理暗示时,潜意识的土壤里便会播撒下成功的种子;而当埋入的是消极的暗示时,这片沃土则终将变得杂草丛生,一片荒芜。

　　张彬的爸爸是个非常谦虚的人,每当听到别人夸奖自家儿子的时候,都会说一些谦虚的话来"客气"一番。比如有人夸张彬听话乖巧,爸爸就会谦虚地说:"哪里哪里,平时够我操心的。"有人夸张彬学习成绩好,爸爸就会谦虚地表示:"也就那么几科行,他那数学,我都不想提啦,就不是学数学那块料!"有人夸张彬聪明伶俐,爸爸也会很谦虚地说:"我看他聪明不到正位上去,要不然也不会什么都做不好。"……

　　虽然说这些话不过是爸爸在交际中随口说出的一些自谦的话,但对于刚上小学五年级的张彬来说,却无异于是沉重的打击。他以为这些就是爸爸对他的真实评价,这让张彬一度感到非常失落,而且也对自己越来越缺乏自信。

　　渐渐地,爸爸发现了张彬的异常,于是开始认真反思,这才意识到,很可能是自己平时的"谦虚"给张彬造成了消极的暗示,影响了他的情绪,让他变得越来越胆小怯懦。意识到这个问题之后,爸爸开始注意在日常生活中刻意给予张彬一些积极的暗示。比如当他发现张彬在玩数独游戏通关的时候,就及时表扬:"我儿子真聪明,这么快就通关了啊!"当他看到张彬用家里的废纸板做出一架飞机模型的时候，便毫不吝啬地赞美道："太有创意了！儿子，就你这想法，以后去做设计师吧，肯定秒杀那些什么名设计师！"……

很快，在爸爸"润物细无声"的积极暗示下，张彬终于重拾了对自己的自信，又变得和从前一样积极奋进、活泼开朗了。

从张彬的事例可以看出，父母对男孩的心理暗示对他的成长有着极其重要的影响。年龄越小的男孩可塑性就越强，也越容易接受暗示，所以为了帮助男孩塑造优秀的性格和良好的心态，父母一定要注意自己对待男孩的态度，尽可能多给予男孩一些积极的心理暗示。

父母在孩子心中的地位是非常崇高而特殊的，如同永远排行第一的权威评论者。所以不论是夸奖还是批评，父母都应当谨而慎之，不要让那些无意透露出的消极暗示对男孩造成心灵的伤害。

☞ **细节 49：不要轻易对男孩说出否定的话语。**

每个男孩都渴望得到父母的肯定和赞许，没有任何人会喜欢被自己所崇敬的人否定。很多时候，男孩更为看重的其实是父母的态度，而不是非得从父母那里得到什么实质性的支持。但很多父母都不明白这一点，总是出于对男孩的关爱，轻易地否定男孩的一些想法或兴趣。或许父母此举确实是为了让男孩少走弯路，寻找更适合他们的东西，但这样的否定态度对男孩所造成的伤害远远要比为男孩带来的便利多得多。

所以，为人父母者一定要记住，不要轻易地对男孩说出否定的话语。如果他喜欢跳舞，哪怕缺乏曼妙的身姿，父母也不该剥夺他尝试的机会；如果他想要画画，哪怕没有展现出艺术的天赋，父母也不该阻挡他追求的步伐。很多时候，一句暗含鼓励的积极暗示，或许就能帮助男孩塑造一段成功的人生；而有的时候，一句贬损否定的消极暗示，则可能让一个天才就此与成功失之交臂。

☞ **细节 50：戴着"放大镜"去看男孩的优点。**

在年纪尚小的时候，不少男孩可能都不曾真正发现自己的才能和长处，他们不知道自己擅长什么、喜欢什么，具备哪方面的潜能。在这个时候，父母的引导就显得尤为重要了。父母引导得当，才能帮男孩树立自信、展现自我，从而发现自己的优势和潜能。在这个时候，作为父母，不妨学会戴着"放大镜"去看男孩身上的优点，并将这些优点一点点剖析开，展现在男孩面前，鼓励他、帮助他发掘自己身上的"宝藏"。等男孩对自我有充分的认识之后，只要持之以恒，相信必定能取得骄人的成绩。

☞ **细节 51：多说好话，鼓励永远不嫌多。**

每个人都喜欢听好话，男孩同样不例外。当你发现男孩身上具备某些优点的时候，不要吝啬赞美的话语。对于男孩来说，父母的赞美就犹如巨大的能量一般，能够让他们更有勇气和信心去面对未来。

父母一定要明白，对于男孩来说，积极的暗示是非常重要的，尤其是来自父母的积极暗示，这代表了父母对男孩的评价和态度。鼓励的话语永远不多，所以，多夸奖一下你的男孩吧，父母的鼓励就是促进男孩不断前行的动力。

4.教养男孩，虽要有威严，更要懂亲和

教育男孩不等于管制男孩，很多父母都不明白这一点，总以为作为父母就必须高高在上，处处展现自己的权威；总以为作为父母就得让男孩心存畏惧，低眉顺目；总以为作为父母就该发号施令，把男孩牢牢攥在手心。但其实不管做什么，父母真正想要的是教养出一个优秀的男子汉，而不是一个胆小怯懦、没有主见的傀儡。

父母教育男孩，不是为了让他学会畏惧，而是为了让他明白道理，如果男孩因畏惧而听从父母的教导，甚至不敢生出任何其他心思，那么不得不说，这样的教育无疑是最为失败的。能够让男孩敬重的父母，所仰仗的绝不是超然的地位或强劲有力的躯体。想要在男孩面前树立威信，获得男孩发自内心的敬重，父母应该做的不是让男孩惧怕，而是给予他尊重和关爱，获得他的认可。

当父母能够真正与男孩站在同一水平线上，不需通过恫吓或管制就让男孩心甘情愿地付出信任，那才称得上是真正成功的教育。而要做到这一点，除了威严，父母更要懂得亲和。

星期六下午，外婆到家里看望外孙东东。晚上，祖孙俩一块儿

在沙发上看电视，气氛很是愉悦。

刚到晚上 9 点半，东东的妈妈就开始催促他："快去洗漱睡觉，都快 10 点了，10 点以前必须上床。"

东东有些不情愿，拽着外婆的袖子不肯从沙发上起来，可怜巴巴地向妈妈求情："妈妈我还不想睡觉，我想多陪外婆一会儿，明天还要去上钢琴课，下午外婆就要回去了……"

外婆也帮忙求情道："是啊，我难得来一回，反正今天是星期六，明天也不用上学。我们看这电影还有不大一会儿就完了……"

东东的妈妈平日里就是个强势的人，在家里不管什么事都是说一不二的，这回也不例外。她严肃地板起脸对东东说道："别撺掇着外婆给你求情，说什么都没用，必须去睡觉。你是个男孩子，别像个小姑娘一样磨磨叽叽的，平时怎么教你的？听到妈妈的话还不赶紧去执行！"

虽然感觉很委屈，但慑于妈妈平日的权威，东东还是敢怒不敢言地去洗漱睡觉了。进房间之前，东东满脸怨愤地转过头看着妈妈问道："为什么每次都是我得听话，这太不公平了。"

妈妈不以为然地撇撇嘴，冷硬地说道："谁叫我是你妈呢，你不听我的话还能听谁的！"

听了这话，东东嘟着嘴针锋相对地说道："那你怎么不听你妈的话？你妈——我外婆都说了，让我多陪她一会儿，把这部电影看完。你这样不听妈妈话的人，真是坏人！"

管教男孩有原则是对的，但如果只是一味树立权威，却没有半点亲和，那么最终必然会引发男孩的抵触情绪，激发男孩的逆反心理。就像东东那样，虽然碍于平日妈妈强硬的做派，不敢不听妈妈的话，但从他顶嘴的行为来看，他显然已经对妈妈产生了不满甚至是敌意，如果这种情绪继续下去，那么久而久之，必定会影响母子之间的感情。

在教育男孩的时候，使用高压政策固然能让父母在一段时间里较为省心，但长此以往只有两个结果：要么男孩放弃抵抗，在父母面前变得唯唯诺诺，失去独立的人格；要么男孩奋起反抗，甚至为了和父母抗争而故意做那些让父母不高兴的事情。不管是哪一种结果，显然都不是父母期望见到的。

父母在男孩面前的尊严不是仅仅依靠权威而"掠夺"来的，它应该建立在相互理解、相互尊重的基础上。所以，在教养男孩的时候，父母一定要记得，树立权威固然重要，但维系彼此之间的感情和信任同样不可忽视。

☞ **细节 52：父母不是"教官"，别总命令男孩。**

父母不是"教官"，男孩也不是"士兵"，所以在教育男孩的时候，父母不要总是把自己放在"施令者"的位置上，总是指望对男孩发布命令，逼迫男孩服从你，遵循你的意愿行事，这无疑是在剥夺男孩自主思考和选择的权利。

男孩总有一天会长成能够独立生活的男子汉，他们会有自己的想法和主张，争取自己想要的生活。在男孩的成长过程中，如果父母总是表现得咄咄逼人，试图掌控男孩，对男孩发号施令，那么很可能会伤害男孩的自尊，并削弱男孩独立自主的能力，甚至影响到男孩完整人格的形成。家庭毕竟不是军营，比起冷血肃杀的纪律性，温馨欢愉的气氛才是家庭所应该有的感觉。

☞ **细节 53：放下架子，平等地与男孩交流。**

随着年龄的增长，心理发育的成熟，比起物质条件的优越来说，男孩对精神层面的追求会更加热切。他们期望能让父母注意到自己的成长，希望能获得长辈的认可，得到在家庭中的话语权。而作为父母，应该体谅男孩的心情，给予男孩足够的尊重，只有父母学会放下架子，用平等的态度去和男孩交流、沟通，才可能让男孩打开心扉，从而建立和谐的亲子关系。

如果父母因为男孩年纪还小，总是抱着"小孩子，跟他说了他也不懂""跟他说，那不是对牛弹琴吗"之类的想法，那么父母与男孩之间是永远无法建立信任的。

尊重是打开心扉最好的钥匙，在与男孩交流时，父母一定要能放下高高在上的心态，与男孩站在同一水平线上，这样才能获得男孩的理解和尊重，逐渐走进男孩的内心。

5.赞美是父母给男孩最甜蜜的"礼物"

在男孩的成长过程中，父母的赞美对他们是大有裨益的，这一点无数教育专家都曾提及过，但依然有不少父母，或许是出于中国传统习惯的"谦虚"，也或许是源于自身的含蓄，在男孩面前总是吝啬表达对他们的赞美。

这其实是非常可笑的。父母们总以为，只要自己真心疼爱男孩，为他默默付出，即便不说出来，男孩必定也能明白父母的苦心。但事实上，很多时候，误会正是因"不说"而起的。人类之所以发明语言，就是为了彼此进行沟通，传达内心的想法和意愿，化解因不了解而生出的尴尬和误会。所以，不要吝啬你的语言，更不要吝啬对男孩表达你的关爱和赞美，对于男孩来说，来自父母的赞美绝对是成长道路上最甜蜜的"礼物"。

五年前，邱女士和丈夫带着儿子丁丁一块儿移民到了美国生活。在移民之前，邱女士是个非常含蓄的人，很少会对别人表达自己的感情，哪怕对待家人也是如此。在邱女士看来，自己对家庭无怨无悔的付出和无微不至的照顾，足以表明自己对丈夫和儿子的深情厚谊，根本没必要把一切都挂在嘴上。

在国外生活，邱女士最大的感受就是，美国人比中国人表达感情的方式要更为直接，也几乎不懂什么叫"谦虚"。生活得久了不免也会受到一些影响，同时也是为了更好地适应环境，融入当地的生活，邱女士在不知不觉中也改变了很多。

以前在国内的时候，每当有别人夸奖儿子丁丁懂事、孝顺、聪明，邱女士都会客气地谦虚一番，非得说上几句"哪里哪里"。而现在，每当有客人到家里，还不等别人夸奖，邱女士便会不掩饰骄傲地向客人介绍："我儿子丁丁，他现在英语说得可棒了，比我这个妈妈强多了！"

一次聊天的时候，丁丁突然对邱女士说道："妈妈，我觉得在美国真好！"

邱女士笑着问他："是吗？好在哪里，你说说看。"

丁丁笑嘻嘻地答道："我觉得在美国妈妈更爱我了。以前在国内的时候，妈妈总是说我笨，说我不听话，各方面表现都不怎么样。但是来到美国之后，妈妈就觉得我变聪明了，变优秀了，我觉得很开心！"

听了丁丁的话，邱女士有些惊讶，她这才意识到，原来自己以前的"谦虚"竟然给儿子留下了这样的印象。

孩童的世界其实比大人要简单得多，没有那么多的弯弯绕绕，也没有那么多的遮遮掩掩。对于他们来说，父母虚与委蛇的寒暄便是内心真实的想法，他们不会去深想一句话背后的含义，也不会去琢磨父母含糊不清的态度，他们接收的信息都非常直观。当父母谦虚地表示"我儿子没有那么好"，落在他们耳中，便是赤裸裸的否定。当父母客气地说"这孩子笨得很"，落在他们心里，便是直接的轻视。所以，在男孩面前不要吝啬你赞美的语言，你要说出来，他才能知道自己究竟有多么优秀。

无论在哪一个国家、哪一个地区，男孩与成年人一样，都有着寻求他人肯定与欣赏的渴望。年纪越小的男孩，就越是容易通过父母对他们直接表达出的态度和语言来获取信息。当父母给予他们直接的赞扬或鼓励时，他们会产生心理上的满足和情绪上的快感；反之，如果总是听到父母的训斥，那么他们便会认为父母不爱自己，也不认可自己。正是因为这样，所以教育家们才说："赏识是孩子生命成长的阳光、空气和水，是他们进步的最大动力！"

☞ **细节 54：抓住每一次机会去赞美男孩。**

在男孩的成长历程中，有许多在父母眼中看似平常的事，对于他们来说都是巨大的进步，比如第一次学会系鞋带，第一次学会煮饭，第一次学会洗袜子……这些事情在男孩的世界里是非常值得骄傲的，是他们一步步走向独立的里程碑。在这个时候，他们会迫不及待地想要和父母分享成功的喜悦，而他们内心最渴望的，也正是来自父母的肯定和赞美。

这样的机会几乎每天都会出现在生活中，而这正是父母与男孩建立亲密关系，帮助男孩树立自信的最佳时机。所以，不要吝啬赞美的语言，抓住每一次机会去赞美男孩吧。你会发现，在这样的赞美声中，你与男孩的关系会越来越亲密，而男孩也将因你的赞美而变得越来越优秀。

☞ **细节 55：及时、具体的赞美更能打动人心。**

赞美与拍马屁最大的区别就在于，前者让人感受到真诚的欣赏，而后者却往往是别有用心的虚伪。男孩喜欢被赞美，是因为能够从赞美中得到自信，感受到父母对他们的认可与肯定，因此，他们需要的是父母真心的赞赏，而不仅仅只是一堆毫无意义的夸奖的话语。

所以，父母在赞美男孩的时候，一定要能"言之有物"，这样才能让男孩感受到真诚。比如当男孩做了某件好事时，父母要及时给予赞美，让男孩知道自己是为什么得到夸奖的，如果能在赞美中加入细节的描述，那效果自然也就更好了。

☞ 细节 56：利用肢体语言强化赞美的效果。

年纪越小的男孩在观察事物时往往越容易流于表面，他们会根据父母的语言、神态、表情、动作等来判断父母的情绪和想法。比如当父母赞美他们的时候，如果只有一句夸奖的话语，而没有表情、神态或动作方面的变化，那么在他们心中，可能会觉得父母的赞美"不到位"，甚至带有敷衍的意味。

所以，在赞美年纪较小的男孩时，父母不妨表现得"夸张"一些，可以考虑利用肢体语言的配合来强化赞美的效果。比如鼓掌、拥抱、亲吻、竖起大拇指等肢体语言，都能传达出赞扬和肯定的意思。

6.多鼓励，少苛责，帮助男孩树立信心

很多父母因为对男孩抱有"望子成龙"的期待，所以在教育男孩时会表现得非常严厉，绝不姑息男孩的任何错误。这样的想法无可厚非，

毕竟没有严格的要求，又怎么可能打磨出优秀的人才呢？但我们也需要明白，男孩不是任凭父母打磨的物件，他们有思想、有感情，他们会因为父母的苛责而受伤，也会因为父母的冷眼而绝望。

其实，对于成长中的男孩来说，比起严格的要求和教导，他们更期望获得的是来自父母的欣赏和赞美。现代教育心理学也已经证明，对于幼小的孩子来说，鼓励往往比说教更有效果。父母公正的评价和恰当的鼓励能够帮助男孩树立自信，激发他们的上进心，让他们在感激与愉悦的情绪中督促自己不断进步，成为更优秀的人，这才是教育最理想的一种状态。

薄强从小就是个非常普通的男孩，没有特别机智的头脑，也没有什么突出的特长。他就读于一所最为普通的小学，就在家附近，成绩在班上也就中游水平，没进入过前十名，但也没落后到后十名。

薄强唯一的优点是懂事，几乎没给家里惹过什么麻烦，学习方面也非常自觉主动，根本不需要父母时时盯梢。有时候薄强也会对自己失去信心，比如每次考试之后，他都会拿着成绩单落寞地问爸爸："我是不是脑子很笨啊？我和小光是同桌，我们都认真听老师讲课，认真完成作业，我甚至比小光还要更努力，可是他能考全班第一，我不管怎么努力，却连前十名都进不去……"

每当这个时候，爸爸都会告诉薄强说："谁说你笨？儿子，你一直在进步，这一点非常值得骄傲！你看，虽然你在班上的成绩排名好像跟之前差不多，但你这几科的成绩有所提高啊，你也学到了比以前更多的知识。你一直都在进步，这很了不起，所以不要妄自菲薄，以后会越来越好的。"

在爸爸的理解和鼓励之下，薄强小学毕业升上了初中，虽然上的初中同样也很普通，但到初二的时候，薄强的成绩就已经名列前茅了。后来初三毕业，薄强顺利考入了本市的一所重点高中，又经过三年的努力之后，他以全校第一的成绩进入了清华大学。

不得不说，薄强是幸运的，因为他有一位充满智慧的爸爸。薄强不是随便学一学就能考第一名的天才，他的优秀完全是一步一步稳扎稳打而造就的。就学习这件事来说，努力必然会有所回报，难的是很多人都无法在这条辛苦而枯燥的道路上一直坚持下去。薄强做到了，而他之所以能做到，除了自身的坚韧之外，更重要的是爸爸的鼓励。每当他失去自信，对前路感到迷茫的时候，都会有一个声音告诉他：你很棒！正是这个充满了赞扬与肯定的声音，给予他源源不断的力量，帮助他树立信心，让他能够坚持不懈地努力下去。

著名的美国现代成人教育之父戴尔·卡耐基就说过："使孩子发挥自己最大潜能的方法，就是赞美和鼓励，尤其是来自父母的鼓励。"

在工作中，相信每个人都有过这样的体会：当老板苛责你的时候，或许能够激起一种好胜心，让你凭着不服输的狠劲做出一定的成绩，但在这个过程中，你必然会对老板心存怨怼，情绪上也必定会受到影响；

而如果老板给你的是夸奖和鼓励，那么你必然会感觉心情舒畅，工作也更有干劲，虽然未必会比憋着一股气的时候做得更好，但至少在整个过程中，你的心理状态都会是积极向上的。

年纪越小的孩子，对情绪和心理状态的调节能力也就越弱。遭遇苛责的时候，成年人或许能够及时调控自己的情绪和心理状态，并及时了解对方的苦心，但年幼的孩子并不具备这样成熟的辨别能力，对他们而言，苛责所带来的打击和伤害要严重得多，久而久之，甚至可能摧毁他们的自信，也摧毁他们对父母的依赖和信任。所以，在教育男孩的时候，父母还是多一些鼓励，少一些苛责为好。

☞ **细节 57：别让男孩活在"别人家的孩子"的阴影中。**

有人曾调侃说，小的时候，最令人讨厌的人就是"别人家的孩子"，因为不管你做什么，父母都会拿"别人家的孩子"来比较，而这个"别人家的孩子"永远都比你优秀得多，简直就是童年的梦魇。

很多父母在教育男孩的时候，总以为只要推出一个更优秀的人来，就能刺激男孩的好胜心，激励男孩努力进步，于是"别人家的孩子"就这样应运而生了。其实，对于男孩来说，这样的比较不仅不能起到榜样的作用，反而会引起他们的反感，甚至损伤他们的自信心。试想一下，如果你前面总是挡着一座无法超越的大山，不管你怎么努力、怎么追赶都距离它十万八千里，那么除了挫败感之外，你还能有什么感觉呢？

☞ **细节 58：多鼓励，少苛责，赞美的力量是巨大的。**

一位教育学家曾这样说过："中国妈妈教育孩子的最大缺点就是'食指教育'，而西方的妈妈恰恰相反，他们常常用'拇指教育'。"

所谓食指教育，指的就是指责、批评的教育方式，因为父母在指责、批评孩子的时候，通常伸出的都是食指；而所谓拇指教育，指的则是赏识、赞美的教育方式，因为父母在夸奖、鼓励孩子的时候，通常伸出的都是拇指。

被食指指着，会让人感觉到不舒服的压迫以及充满敌意的蔑视；而面对竖起的拇指，则会让人感到心情舒畅开朗，心态也变得积极向上，这就是苛责与赞美带给男孩的最直接的感受。鼓励和赞美的力量是无穷的，它带给孩子的不仅仅是舒畅开朗的情绪，更重要的是相信自己的信心和不断进步的力量。

☞ **细节 59：间接赞扬往往比直接赞扬更有效。**

很多时候，间接的赞扬往往比直接的赞扬要更有效，也更具真实性，尤其是在面对年龄日益增长，对人情世故开始日渐了解的男孩时更是如此。

当男孩年龄日渐增长，对成年人世界的虚与委蛇日益了解时，他们的想法自然也会比原先变得更复杂，他们可能会开始思索父母的话语，也可能会开始琢磨父母的态度。在这一时期，父母直接的夸奖和鼓励所带给男孩的冲击和感受往往会比较弱，他们甚至可能会觉得这些夸奖和鼓励不过只是一种"客气"或"安慰"。所以，在这种时候，间接赞扬通常比直接赞扬要更有效。

比如父母可以在和别人交谈时夸奖男孩，并让他们"不小心"听到；或者可以考虑借第三者之口来传达父母对男孩的赞扬与肯定。这种不露痕迹的表扬方式往往会让男孩觉得更真实，同时也感到更骄傲。

7.停止抱怨，扫清成长路上的"绊脚石"

男孩就像父母手中的"橡皮泥"一样，父母如何塑造，他们便会如何成长，即便有时候成长的轨迹与父母期盼的有所偏差，但也始终是受到父母的影响。如果父母能够多给男孩一些善意的鼓励，那么必然会让他们更加自信，心态也更加积极乐观；相反地，如果父母总是不停地抱怨，不停地指责，那么终究会在男孩心头布下自卑的阴影，让男孩日渐变为父母口中所抱怨的那个样子。

这个世界上本就不存在十全十美的人，不管是多么优秀的人，身上都必然存在缺点和不足，成年人是如此，更何况年幼的孩童呢？很多父母却都不明白这一点，总对男孩抱有过高的期望和要求，忍受不了他们身上的一点错误或缺点，总是对男孩喋喋不休地抱怨、苛责，试图以这样的方式来把男孩塑造成自己理想中的样子。但事实上，抱怨与苛责非但不可能达到理想中的效果，反而只会给男孩带来打击与挫败，让男孩遭受心灵的煎熬。

在9岁以前，君君一直是妈妈心中乖巧懂事的好儿子，不仅懂得心疼人，还事事都顺从妈妈的安排，就像一条小尾巴似的，成天围着妈妈打转。虽然有时候觉得儿子特别黏人，但妈妈并未因此感到厌烦，而君君又特别乖巧勤快，不管让他帮忙做什么他都非常乐意。

但9岁以后，君君却仿佛突然变了一个人似的，不仅喜欢和妈妈唱反调，而且似乎也不乐意和妈妈待在一块儿了。有时候忙不过来，想叫他帮忙做点事情也得三催四请，这让妈妈感到非常头疼，一直怀疑是不是儿子的叛逆期提前到来了。

有一次，爸爸临时打电话说要邀请同事到家里吃饭，妈妈在厨房忙得脚不沾地，便大声叫君君帮忙把餐桌先擦一擦。当时君君正在沙发上看电视，听到妈妈的要求之后不仅没从沙发上起来，反而还故意把电视机声音调大了，假装自己没听见。妈妈非常生气，但因为有客人要来，所以一时之间也没有发作。

晚上的时候，妈妈把君君叫到房间，打算和他好好聊一聊，看看儿子到底为什么会变成这样。在交谈中，君君的一句话顿时点醒了妈妈，他说："反正不管我做什么你都不满意，那干吗还叫我做，你自己做不就好了吗？擦桌子嫌我擦得不干净，扫地嫌我扫得不彻底，逛街嫌我走得太慢，吃东西嫌我吃得太难看……反正我做什么都不好呗，那干吗还要让我去做？"

说到这里，妈妈什么都明白了，原来那个曾经乖巧懂事的儿子是被自己随口的抱怨"弄丢"了啊！

在现实生活中，像君君妈妈这样的父母不在少数，他们或是有心，或是无意，常常会因为男孩做事情做得不够好而开始抱怨。这些抱怨或许只是一句无心的发泄，也可能是为了让男孩下次做得更好而有意为之的，但不管怎样，这些抱怨对于男孩而言，无疑都是一种打击和伤害。就像君君，他曾经那么积极地想要帮助妈妈分担事情，那么喜欢围在妈妈身边，但就是那一声声的不满意、一句句的抱怨，浇灭了他的热情，同时也摧毁了他的信心。

良言一句三冬暖，恶语伤人六月寒。一句温暖鼓励的话语能够让男孩信心倍增，变得积极乐观；而一句伤人的抱怨则可能让男孩就此失去信心，陷入自我怀疑的泥淖中不可自拔。父母的怨言是男孩成长路上的"绊脚石"，除了打消男孩做事的积极性，让他变得畏首畏尾、胆小怯懦之外，再也没有任何用处。所以，请停止抱怨吧，哪怕你的男孩与你理想中的样子相差甚远，也别让那些满怀恶意的语言伤害了一颗纯净的心。

☞ 细节 60：少点儿期望，就能少点儿抱怨。

抱怨往往来源于不满足。天下的父母都有望子成龙的心思，都渴望自己的男孩能够成为优秀的男子汉，成为别人眼中的楷模。这种期望没有什么错，但如果父母不能客观公正地评价男孩，总对他抱有过高的期望，那么久而久之，这种期望就会带来不满足，让父母对男孩越来越"看不顺眼"，抱怨也就由此而生了。

父母应该明白，天赋是不可勉强的，男孩的生长也有逃不开的自然规律，不管你给予他多少期望、多少帮助，他也不可能在朝夕之间就变得无所不能。不管是成长还是成功，都是一个极其漫长的过程，需要我们付出很多的耐心与毅力，去等待，去陪伴。所以，相信你的男孩，但请不要把那么多的期望加在他的身上，少点儿期望，就能少点儿抱怨，少点儿抱怨，才能让男孩更好、更愉悦地成长。

☞ 细节 61：认识男孩，让他量力而行。

父母应该对男孩有所期望，但这种期望也应该建立在男孩本身的实际情况上，凡事量力而行，才会有成功的可能。每个人都有不同的天赋和潜能，如果非要勉强他去做自己不擅长的事情，那么只能事倍功半，即便咬牙坚持到最后，也未必能得到满意的结果。比如你不可能去逼迫一个五音不全的男孩搞音乐，也不可能期望一个身体素质不行的男孩去做运动员。作为父母，必须要对男孩有一个客观的认识，了解他擅长什么，不擅长什么，再根据他的实际情况对他进行鞭策和鼓励。

☞ 细节 62：学会发现男孩的闪光点。

每个男孩身上都有优点和缺点，喜欢抱怨的父母总是习惯盯着男孩的缺点看，而喜欢称赞的父母则总是习惯盯着男孩的优点瞧。可见，男孩还是那个男孩，不同的不过是父母看待他们的角度和方式罢了。

所以，当你忍不住抱怨的时候，当你觉得怎么看男孩都"不顺眼"的时候，不妨试着转变一下你的视角，多看看男孩身上的闪光点，你会发现，他比你想象中的更加优秀。相比抱怨，父母的鼓励与欣赏能帮助男孩获得更好的成长，成为更优秀的人才。

Chapter 4

不压制，尊天性：避免心灵压抑，还男孩自主空间

好的教育应是释放天性而非压制天性的。很多父母都不明白这一点，总试图按照心中理想的样子去改造男孩。但男孩不是工厂里的货品，更不是任由父母摆弄的傀儡，他们有自己的个性，有自己的灵魂，不可能被某个"模具"定型成某个特定的样子。所以，别再用自己的意志去操控男孩的成长，还他一片自主的空间，便是对他最好的关爱。

1.小小男子汉，有泪也要弹

在现实生活中，常常能听到父母这样教育儿子：

"哭什么哭，你是男子汉，不能像小姑娘一样哭哭啼啼的！"

"男儿有泪不轻弹，多大点儿事儿，值得你这么哭吗，羞不羞！"

……

在传统的观念里，男性就该是刚强的、流血不流泪的，因此很多父母在教育男孩的时候，总会不自觉地与教育女孩区分开来，要求男孩学会坚强，甚至无形中剥夺了男孩哭泣、流泪的权利。但实际上，这样的

教育方式对男孩来说无疑是一种伤害，许多男孩在父母这样的教育方针下，常常学不会该怎样去宣泄内心的情绪，从而背负了旁人难以想象的压力。因此在孩提时代，相比感情更加细腻敏感的女孩来说，男孩其实反而更容易抑郁。

吴磊今年12岁，还没上初中就辍学了。在离开学校之后，他变得越来越沉默，越来越不愿意和人交往，脾气也日渐暴躁，动不动就在家里发火砸东西，有时候被父母说上两句就叫嚣着自杀，以此来威胁父母。

令人惊诧的是，以前的吴磊与现在简直判若两人。以前的吴磊是个性格开朗的孩子，在上小学五年级之前，因为成绩优异，几乎每年都被学校评为"三好学生"，在班上也一直深受老师和同学的欢迎，年年担任班长的职务。

吴磊上五年级的时候，班级里换了一个新的班主任，这让吴磊感觉有些失落，因为原先的班主任一直非常看重吴磊，吴磊也非常喜欢那个班主任。此外，在班级评选班干部的时候，原本一直认为自己依然会当选班长的吴磊却落选了。这些事接连发生，对吴磊的打击非常大。回家之后，吴磊非常伤心地把这事向爸爸妈妈倾诉了，可当时爸爸妈妈因为忙于工作，而且也不觉得这件事是什么大事，因此并不怎么关心吴磊，甚至在吴磊反复念叨的时候，还有些不耐烦地训斥他，说什么男子汉大丈夫，不该为这么点儿事情就感到伤心。

从那之后，吴磊就像变了一个人似的，越来越沉默，对所有的事情也都提不起兴趣，连课外活动都不想参加了。大概是因为从小到大吴磊就没让父母操过什么心，因此对于他的异常表现，父母一直都没有放在心上。等到父母留意到吴磊的变化时，他已经成了如今的这个样子。

男孩其实并没有我们想象的那样坚强，相反，很多时候，他们往往比女孩还要脆弱得多。除去天性的执拗之外，在后天教育的影响下，男孩往往比女孩多了一股"死撑"的倔强劲儿，有时候哪怕发现自己走错了路，也会莫名地憋着一股气，不计后果地走下去。就像吴磊，他的转变不是一朝一夕的事情，而是在无数不知如何排解的负面情绪的影响下一步步造就的。在这个过程中，如果父母能够给予他一点儿关注，及时发现他的情况，都不至于让他落到如今这个地步。

在大多数人眼中，男孩似乎通常都是大大咧咧，什么都不放在心上的。但实际上，他们的内心同样也有秘密和忧愁。比起女孩，大部分男孩都更加不善言辞，不知道该如何表达自己的感情，也正因为如此，他们往往更容易陷入情绪的泥淖，更容易变得暴躁、易怒。

所以，作为父母，不要因为那些标签似的刻板印象就逼迫男孩学会坚强，更不要剥夺他们哭泣的权利。哪怕是男子汉，有泪也该大大方方地让它流，这是一种对情绪的宣泄和排解，对男孩心理状态的调适有着积极的促进作用。

☞ **细节 63：多点儿耐心，倾听男孩内心的声音。**

男孩也有脆弱的时候，也需要有倾诉的对象来帮助他们战胜内心的孤独与无措。而对于尚未进入青春期的男孩来说，他们最好的倾诉对象无疑正是父母。要知道，比起女孩来说，男孩的情绪问题往往更加严重。他们不像女孩那样善于言辞，也不像女孩那样习惯情绪外露，他们在遭遇困难时，往往更愿意选择把情绪憋在心里。

因此，作为父母，一定要重视男孩的情绪变化，尤其是他们有倾诉需求的时候，那很可能意味着他们的内心已经极尽煎熬，急需一个倾诉对象。在这种时候，父母一定要拿出耐心，认真倾听男孩内心的声音，帮助他们渡过情绪的难关。

☞ **细节 64：学会体谅男孩特殊的"情绪表达"。**

从生理方面来说，由于体内睾丸素的作用，男孩往往比女孩更容易愤怒。而从教育方针上来说，由于传统观念的影响，男孩往往从小就被灌输诸如要坚强、隐忍、有泪不轻弹之类的观念，致使他们大多在情绪表达方面有所欠缺。因此，当情绪堆积到一定程度的时候，男孩的表达方式往往会激烈得多，比如大声喊叫、大发雷霆，甚至砸东西、用手捶打墙壁，等等。在这种时候，如果父母一味对男孩加以斥责，那么很可能火上浇油，让男孩更加难以控制自己愤怒的情绪。

作为父母，我们应该理解并体谅男孩特殊的情绪表达方式，尤其是他们在气头上的时候，千万不要和男孩对着干，等男孩情绪稍微稳定之后，再对他进行引导，教导他如何正确地表达情绪，排解内心的焦躁和愤怒。

☞ **细节 65：告诉男孩，有泪就要流。**

哭泣是人类的一种正常行为，也是一种最有效的情绪宣泄方式。虽然女孩通常都比男孩爱哭，但这与性别是没有关系的，主要是后天的教育理念所致。男孩不哭不是因为他们天生不擅长流泪，而是因为他们不愿意、不习惯用这样的方式来宣泄自己的情绪。

人的情绪就像洪水一般，一味堵截，总有一天会面临决堤的危险。处理洪水最佳的办法不是堵而是疏，只有将来势汹汹的水流一点点疏通开来，我们才能真正迎来内心的平静。而在某些时候，流泪正是一种最有效也最方便的情绪疏通手段。所以，不要逼迫你的小男子汉压制自己的情绪，而是应该告诉他，有泪就要流，这不只是一种发泄情绪的方式，同时也是传递给父母的一个明显的信号，让父母知道，他们的男孩需要安慰和帮助。

2.孩子有怒火，引导他适当宣泄

我们都知道，男孩要是摔跤跌破了皮，父母可以帮他用酒精消毒，用纱布包扎。可如果是男孩的情绪受到冲击，乱发脾气、大吼大叫的时候，作为父母又该怎样帮助他去处理情绪上的伤口呢？

谁都难免会有被坏情绪包围的时候，毕竟生活不只有鲜花和掌声，同样还包括了风雨和荆棘。而对于成长中的男孩来说，如何疏导情绪、排解怒火，远比其他方面更加重要。如果一个男孩不懂得管理自己的情绪，任性冲动，只会乱发脾气，那么总有一天会做出追悔莫及的事。作为父母，我们能够为男孩做的就是理解他、帮助他，引导他学会用恰当的方式来宣泄内心的怒火。

今年 5 岁的小宇是出了名的"小炮仗"，脾气坏得很，就跟炮仗似的，一点就炸。也正因为他的坏脾气，所以他在幼儿园里几乎没有能玩到一起的小伙伴。

有一次，妈妈在小宇睡午觉的时候打扫房间，见他房间的地毯上铺满玩具，就顺手把七零八落的玩具收拾起来。等小宇睡醒打算接着玩的时候，却突然发现地毯上空空如也，顿时就不高兴了，怒气冲冲地跑到客厅对妈妈吼道："谁让你动我的东西了！我还要继续玩呢！"

妈妈刚把家里收拾干净，正累得不行，却莫名被儿子吼了一通，当即也沉下了脸，冷冷地对儿子说道："平时怎么教你的？东西放得到处都是，也不知道收拾，现在还好意思来这喊，你这什么态度啊？"

一听妈妈这话，小宇更愤怒了，一边指着妈妈喊"坏蛋"，一边趴在地上打滚耍赖。母子俩的闹剧最终还是和平时一样：妈妈果断出手打了小宇一顿，小宇又哭又喊，声嘶力竭……

"盛怒攻心，结局不堪。"这是著名教育学家查尔斯·D.莱利曾说过的一句话，也正是小宇和妈妈相处的写照。因为难以控制的暴脾气，小宇失去了很多朋友，也因为难以控制的暴脾气，小宇和妈妈的日常相处总是在吵架中结束。可见，对于孩子的成长来说，坏脾气所带来的不良影响是绝对不容小觑的。尤其是男孩，本就比女孩更容易逞凶斗勇，再加上难以控制的坏脾气，会带来怎样的危险也可想而知。

除了外在的影响之外，坏脾气对孩子的身体健康也是极为不利的。美国著名的医学专家哈费莱德教授经过 10 余年的临床研究发现，人的不良情绪极易引起心脑疾病、糖尿病、溃疡症以及精神病等疾病的发生和恶化。此外，如果男孩不懂得宣泄怒火，那么长此以往，也会给他们造成极重的心理负担，比如现在很多孩子出现离家出走、轻生等行为，实际上都是因为不懂得宣泄不良情绪所导致的结果。

可见，无论从哪一方面来说，懂得驾驭及排解情绪都是十分必要的，尤其是极具毁灭性和攻击性的愤怒情绪。那么作为父母，究竟应该怎样做，才能引导男孩正确宣泄内心的愤怒呢？

☞ **细节 66：通过日常生活训练男孩的自控能力。**

归根结底，男孩的坏脾气主要是源于自控能力的缺失。在生活中，父母可以通过一些方法，有意地帮助男孩培养自控能力，比如制订科学的作息表，并要求男孩遵循作息表的规定来安排自己的日常生活。经过长期的规范和约束，男孩必然能够有意识地克服自己的惰性，并在此过程中提高自己的自控能力，从而掌控自己的情绪。

☞ 细节 67："约法三章"，让男孩学会自我控制。

为了让男孩有意识地克制自己的情绪，父母不妨事先和男孩"约法三章"，比如规定不管遇到什么事情，都不可以在公共场所发脾气，或者每周生气不能超过几次，等等。通过明确的规定来形成规矩，从而让男孩有意识地去遵守这些规矩，逐步提升控制情绪的能力。此外，在"约法三章"的时候，最好能把奖励和惩罚的细节也都商讨完善，这样才能更好地对男孩形成约束力。

☞ 细节 68：运动是宣泄愤怒情绪的最佳渠道。

愤怒的情绪是非常危险的，也是所有情绪中最激烈、最难控制的。正因为如此，所以处理愤怒情绪最好的方式是找到一个宣泄的渠道，而不是把它死死压住。对于任何情绪如果不能找到一个合理的出口，那么即便一时能压制住，也终会有爆发的时候。

在生活中，宣泄负面情绪的方法有很多，其中，运动无疑是宣泄愤怒情绪的最佳渠道。父母不妨引导孩子培养运动的习惯，这不仅有利于孩子的身体健康，同时也能在孩子情绪激动时，帮助他进行安全、有效的宣泄和排解。

情绪就如同我们内心世界的一面反光镜，清晰地反映了我们的心理波动。如果一个孩子总是像炮仗那样，随随便便就能发火，那只能说明他的心中堆积了太多的不良情绪，却偏偏又找不到一个合适的宣泄途径。而作为父母，我们能够为孩子做的，就是教会他如何疏解内心的负面情绪，让他能够用平和的心态去面对生活。

3.妈妈简单粗暴，孩子任性暴躁

在我们周围的家庭中，有一种和"溺爱型"教育完全相反的教育理念，我们称之为"专制型"教育。简单来说就是，在一个家庭中，父母拥有绝对的权威，处于"统治者"的地位，对于任何事情都是说一不二的，孩子唯一的选择就是无条件服从，没有任何发表自己意见的权利和机会。这样的教育方式总结起来就是四个字：简单粗暴。

我们知道，活泼顽皮是大部分孩子的天性，如果没有父母的管束，恐怕他们可以玩得天昏地暗，什么正事都不干。所以不可否认，在孩子的成长过程中，父母的管束是非常必要的，但我们也不能因此而走向另一个极端——专制。孩子不是物品，不是没有思想和灵魂的木偶，不会任由父母随意操控。简单粗暴的高压统治，带给孩子的只会是无奈与痛苦，甚至是叛逆和堕落。

星期五一大早，在徐硕准备出门上学之前，妈妈就叮嘱他下午放学早点回来，要去大姨家吃饭。徐硕不太想去，就告诉妈妈说今天下午要值日，而且和同学约好了，打算一块儿出去吃个饭，庆祝期中考试顺利完成。

可还不等徐硕说完，妈妈就直接打断了他，说道："和同学什么时候不能聚啊，别去了，下次再去。值日动作快点，我们在家等你！"之后，还没等徐硕说什么，妈妈就忙着出门上班去了。

　　徐硕的妈妈是个比较强势的人，平时在家里也是这样，什么都是说一不二，丝毫不顾及徐硕的意见和想法。往常面对妈妈的蛮横，徐硕基本上都只有妥协退让的份儿，但这一次，徐硕心里也窝着火，怎么都不愿意再听妈妈的安排。于是，到下午放学的时候，打扫完卫生，徐硕就直接和同学一块儿去吃饭了，也没打电话回去告诉爸爸妈妈。

　　一直到晚上八点多，徐硕才回到家。因为事先没有接到通知，爸爸妈妈在家里左等右等也不见徐硕回来，生怕他出了什么事，所以大姨家也没去成，妈妈留在家里等，爸爸则开车出去找儿子。

　　徐硕看到妈妈哭红了的眼睛时，心里万分愧疚，正打算开口道歉，就听妈妈气急败坏地冲着他吼道："你还有脸回来啊！我早上怎么跟你说的！你去哪里了你？外面那么好玩啊，那你怎么不一直在外面干脆别回来了！你知不知道你爸饭都没吃现在还在外头找你呢！你怎么那么不听话，你还能干什么啊你！"

　　原本徐硕也知道自己这回确实做错了，但一听到妈妈连珠炮似的责骂，徐硕心里的怒气也升腾起来了，冲着妈妈针锋相对地吼道："不回就不回，以为我稀罕啊！我现在就走，不用你赶！"

　　这时，碰巧爸爸回来了，一看这母子俩就知道两个急脾气又杠上了，赶紧对儿子说道："你先回房间待10分钟，一会儿出来再说。"

　　10分钟后，徐硕和妈妈的情绪都稳定下来了，爸爸这才把母子俩都叫到客厅，让他们说话。

　　如果没有爸爸这个"和事佬"在，估计徐硕和妈妈怕是要"死磕到底"，难以收场了。其实，这场闹剧说到底还是因为妈妈平时太独断专行，丝毫不顾及儿子的感受。如果妈妈平时不是这么说一不二，愿意听取儿子的意见，不管什么事情都和儿子商量，那么徐硕又怎么会为了反抗妈妈而做出这样让父母担心的事情呢?

在处理与孩子之间的关系时，父母一定要注意自己的态度，别总把自己放在"统治者"的位置。父母简单粗暴的态度，只会换来孩子任性暴躁的反击。专制是永远无法带来幸福与快乐的，也永远无法让孩子真正心悦诚服。所以，作为父母，请学会放低姿态，给予孩子足够的理解和尊重，只有这样，我们才能培养出真正优秀的孩子。

☞ 细节 69：和男孩协商，而不是命令。

当父母打算要求男孩做一些事情的时候，应该尽量用协商的态度去和男孩沟通，而不是直接下达命令，这是对男孩的一种尊重。协商双方的地位是平等的，而命令和被命令者的地位则通常是一高一低的。父母用协商的态度和男孩沟通，会让他们感觉自己与父母站在同等的位置，而不仅仅是一个被动的实施者。

☞ 细节 70：学会用男孩的思维去考虑事情。

想要了解男孩，父母就得学会用男孩的眼光去看事情，用男孩的思维方式去进行思考。很多时候，父母与男孩之间的矛盾，实际上都是源自于不了解。父母不了解男孩的内心世界，所以总是忽略他们的想法和意见；男孩不了解父母的苦心，因此总是在为挣脱束缚和管教而抗争。所以，作为父母，应该学会用男孩的思维去考虑事情；而作为孩子，也应该学会站在父母的角度去思考问题。当双方能够相互理解、相互包容的时候，家庭中的矛盾自然也就迎刃而解了。

☞ 细节 71：**严格不等于严厉。**

教育男孩一定要严格对待，但需要注意的是，严格与严厉是不同的，二者不能混为一谈。严格是一种要求，是对男孩负责任的一种表现，不管男孩做什么事情，我们都必须对他有严格的要求，只有这样，才能督促男孩把事情做得尽善尽美，成为一个越来越优秀的人。而严厉则是一种手段，这种手段对于男孩的成长而言不见得有多少好处，有时甚至会造成伤害。因此，我们教育男孩必须严格，却不该过分严厉。

☞ 细节 72：**别随便说出"赌气"的话。**

很多时候，两个人之间会爆发激烈的争吵，往往不是因为引起吵架的事件有多么严重，而是因为在吵架的过程中容易"话赶话"地说出许多伤人的话语。当然，这些伤人的话未必是真心的，但不管怎么说，讲出这些话对别人来说就是一种心灵上的伤害。所以，如果无法控制自己的情绪，那么就尽可能不要在情绪激动的时候与人谈话，更不要轻易说出"赌气"的话，以免让彼此的关系再无转圜余地。

4.顺从的羔羊，长大只能任人宰割

父母总希望男孩在自己面前像羔羊一般温顺听话，而在别人面前却能如猛虎一般刚毅果敢。但人怎么可能有这样两种极端的面貌呢？若你驯养的是温顺的"羔羊"，那么就得做好离开了你保护的他只能"任人宰割"的准备；而若你想培育猛虎，那便应该明白，他注定不会任你摆布。

陈升的父母都是非常强势的人，在家里，陈升从小就没有发言权，通常都是父母说什么他就做什么，父母怎么安排他就怎么执行。年幼的时候，陈升也曾任性地反抗过父母，但每次迎来的都是严厉的责骂和批评，陈升的性格天生又比较温顺，妥协来妥协去似乎也就习惯了。

因为陈升温和顺从，几乎不会和父母顶嘴，所以从小到大也没给家里惹过什么麻烦，让父母很是省心，因此一直以来，对于陈升这样的性格，父母都是比较满意的。家里的亲戚也常常夸奖陈升听话孝顺，尤其是那些家里儿子调皮捣蛋，成天上房揭瓦的，更是无比羡慕陈升的父母有他这么个听话的好儿子。

但也正因为有这样的性格，陈升在同学当中并不出众，甚至没有什么存在感，就如同班级里的一个影子那样，没有人排斥他，但也没有人在意他。在班级里，不管遇到什么事情，陈升几乎都没有发表过自己的意见，就算是在小组讨论的时候，他也基本不发言，别人安排他做什么他就做什么。每当有人主动询问陈升的想法时，他总会回答说："我都可以，没什么特别的看法，你们说什么就是什么吧，我听你们的。"这样一来，久而久之，大家也就习惯性地忽略了他的意见。

虽然父母一直认为儿子陈升是个非常乖巧优秀的孩子，但由于存在感低，又没有什么特别出彩的地方，所以陈升在班级里也没交到什么朋友，即便是在参加集体活动的时候，也常常像个影子一样被习惯性地忽略在一旁。陈升的父母则一直都想不通，儿子明明这么优秀，性格又乖巧，怎么好像不太受同学和老师的欢迎呢？

在现实生活中，有不少父母其实都和陈升的父母一样，会下意识地通过儿子乖不乖、听不听自己的话来判断他是不是优秀的男孩，符不符合自己的期待。但听话的男孩就等于是优秀的男孩吗？当然不是。相反，纵观古今中外，那些能够成就大事业的人，都是有想法有主见的人，那些只知道顺从、随波逐流的人，即便再聪明，再有能力，也注定只能成为被人驱使的人。

顺从的羔羊离开牧人的保护之后，注定只能任人宰割。同样的，一个毫无主见，没有自己想法的男孩，在离开父母的庇护之后，便注定只能随波逐流，任人欺负。很多父母总是希望自己的男孩能够成为出色的男子汉，但同时又希望他能事事都顺从自己的安排，做个乖巧听话的小羔羊。但事实上，这两点本身就是矛盾的，就像鱼与熊掌，不可兼得。

作为父母，你应该明白，在这个竞争激烈的社会，平庸者注定只能平凡一生，被人忽视。如果你不希望男孩在长大之后只能庸庸碌碌，操劳一生，那么就不要在他成长的过程中压制他的天性，磨灭他的想法，而是应该鼓励他大胆地说出自己的意见，思考自己的人生，只有这样，

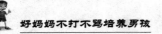

才能让他在面对未来生活的挫折时不至于手足无措，可以勇往直前地走向自己的目标。

☞ 细节 73：尊重男孩，认同他的能力。

在对待男孩时，父母应该有这样一种意识：男孩天生就具有优秀的学习能力，他们会在成长中不断蜕变，最终成为更有能力的人。所以，为了男孩能够更好地成长，父母应该学会尊重男孩，让他们有机会在生活的历练中不断积累经验，打磨自己。如果父母什么事情都越俎代庖，把一切事情都安排好、准备好，那么无异于剥夺了男孩成长的机会。

☞ 细节 74：培养男孩的自我保护意识。

男孩不管多么聪明，毕竟受年龄和经历所限，很多事情都需要父母的帮助和管束。但无论如何，父母在管束男孩的时候，都必须以尊重男孩为前提，耐心向男孩解释清楚父母管束他的原因。父母要让男孩明白，父母要求他们做什么必然都有相应的道理，因此，在面对别人的无理要求时，他们拥有拒绝的权利，而不应该任人宰割。为人父母，在教养男孩时一定要注意这些细节，从小就帮助他培养自我保护意识，以此来维护自身的利益。

☞ 细节 75：鼓励男孩说出自己的想法。

男孩的顺从和胆怯往往都是父母过分管束和压制的结果，如果父母在生活中从来不让男孩有选择的权利，什么都是家长说了算，那么久而久之，必然会扼杀男孩表达自己意愿的能力，甚至让男孩习惯"被安排"，即便是面对别人不合理的要求，也无法说出拒绝的话。

所以，如果不希望男孩以后变成任人宰割的小羔羊，父母就应当为男孩提供一个民主的成长环境，让男孩有权利、有机会表达自己的想法和意见。这不仅是父母对男孩的尊重，并且还能帮助男孩增强自信，培养他们独立思考的能力。

5.放手给男孩一个"独立空间"

父母对男孩的爱是深沉的、令人动容的，但有时候，往往正是这种爱，让父母不自觉地在男孩的成长道路上布置了"温柔的陷阱"——帮助男孩包办一切事情，把男孩照顾得无微不至。父母的关爱是男孩成长路上最好的礼物，但如果这种关爱超过一定限度，那么反而会成为阻碍男孩成长的绊脚石。父母的无微不至无异于剥夺了男孩独自做事的机会，这将让男孩变成依赖性强、意志薄弱的"温室花朵"。

对男孩而言，百般呵护的家庭环境并非他们成长的沃土。他们不是娇养的鲜花，而是坚挺的树木，为了日后能够更好地与风雨抗衡，他们需要在淬炼中成长，在努力寻求养分的同时更深、更稳地扎根土地。他们要让自己变得坚强，足以抗击风雨，而非一味沉溺在安稳的呵护中。

台湾著名作家林清玄在《桃花心木》中有这样一段描述：

一位种树人将树苗种下后，有时三天，有时五天，有时上午，有时下午来浇水，不仅时间不定，而且浇的水有时多，有时少，这种做法让一些经受不住饥渴的树苗枯萎了，因此他每次都会带来几株树苗补种上。

很多人都觉得好奇，问他究竟是为什么，他说："这是为了让树木在不确定中自己找到水源，拼命扎根，从而长成百年大树。尽管这种做法会让一部分树苗枯死，却也让其他树苗逐渐变得更加坚强，拥有独立生存的能力，能够抵御大自然的风霜雨雪，因为只有真正把根扎入地下汲取养分的树，才能永远傲立大地！"

男孩就像这些树苗一样，从长远来看，真正对他们好的，不是给他们提供成长需要的一切东西，而是得让他们自己去努力，寻找到适合自己生长和发展的土壤。最好的爱不是无节制的溺爱，而是理智的关爱。父母应当明白，有时过分的爱给男孩带来的反而是更深的伤害。

每个男孩都是与众不同的，有各自独立的特性，想要培养出真正优秀的男孩，父母应该做的，不是用爱做束缚，把他们塑造成自己所希望的样子，而是应当给予他们独立生长的空间，帮助他们发现自我、发展自我。

过分的溺爱只会让男孩对父母形成依赖心理，致使他们失去自我决断的勇气和自信。男孩不是笼子里的宠物，他们是雄鹰，总有一天要振翅高飞，遨游天际。而父母能够为他们做的，就是教会他们独立、坚强和勇敢。

☞ **细节 76：让男孩养成独立思考的习惯。**

一个缺乏独立属性的男孩，无论多么聪慧，将来都是难当大任的。毕竟在人生的道路上，没有谁会永远陪伴在他身边，即便是对他百般呵护的父母也总有离开的时候。人生注定不会是一片坦途，总会有这样那样的困难与挫折需要男孩独自去面对。因此，在男孩的成长过程中，作为父母，必须教会他独立。而独立最重要的一点就在于，遇到问题时能独立思考，自己想办法去应对。

独立思考的习惯需要从小培养，父母不妨尝试让男孩独自去面对生活中的一些事情，不需要处处都帮他考虑周全。比如在男孩组建模型的时候，父母不需要一开始就上去帮忙，可以先让他自己思索应该怎么操作。在独立操作的过程中，如果遇到解决不了的难题，父母可以通过引导的方式一步步教会他如何解决问题。

☞ **细节 77：为男孩提供锻炼独立性的机会。**

很多父母深谙社会竞争的激烈，为了不让男孩输在起跑线上，父母们对男孩的教育都非常重视，除了时时关心男孩的学习成绩之外，通常还会把目光投注在各种兴趣班、特长班上，恨不得把所有能学的东西都让男孩学一遍。但与此同时，很多父母却都忽略了对男孩独立自主能力的培养，这就导致很多男孩成为"学习上的天才，生活里的白痴"，实际上这对男孩的成长是非常不利的。

如果父母对男孩总是过度关爱，舍不得让他有独立生活的锻炼机会，那么男孩很难养成独立自主的人格。因此，为了男孩长远的未来考虑，作为父母，该放手时就应放手，给男孩一片独立空间，让他有机会在挫折中成长，在锻炼中变得越来越优秀。

☞ **细节 78：父母不能太强势。**

从心理学角度来看，喜欢过度插手男孩的生活，剥夺他独立自主机会的父母，通常都比较强势，习惯把自己放在"统治者"的地位上。这种家庭培养出来的男孩一般有两种情况：

第一，胆小懦弱。在一个家庭中，有强就有弱，强与弱在一起才可能达成和谐稳定。因此，强势的父母往往特别容易培养出懦弱的男孩，父母越强势，男孩就越懦弱，因为只有这样的组合方式，才能在最大程度上避免矛盾和冲突的产生。

第二，逆反。强势的家长除了可能培养出懦弱的男孩之外，还可能培养出逆反的男孩。这种类型的男孩与胆小懦弱的男孩不同，胆小懦弱的男孩习惯以退缩的方式来求得与父母相处的和谐稳定，而逆反的男孩则是试图通过抗争的方式来反抗父母的强势。尤其是当他们逐渐形成独立意识之后，对父母的反抗也会越来越强烈，甚至可能为了反抗而不顾一切地专门和父母作对，向着父母所期盼的反方向发展。

不管是哪一种类型的男孩，显然都不是父母心中优秀的样子。因此，为了避免这种情况的发生，作为父母，在面对男孩的时候千万不能过度强势，不要把男孩逼迫到没有退路的地步。就如美国著名心理学家戴尔所说的一样："孩子需要一定的空间去成长，去实验自己的能力，去学会如何应对危险。不要为孩子做他自己能做的任何事情。如果父母过多地做了，那就剥夺了孩子发展自己能力的机会，也剥夺了他们的自立与自信。"

所以，为了男孩能够更好地成长，请父母学会放手，给男孩一片独立自由的空间，让他们在生活的洗礼中得到真正的蜕变。

6.每个孩子都有犯错的权利

在成长的过程中，每个人都会面临许多的选择，而这些选择对未来的人生道路往往都有着大大小小的影响。在这种时候，不少作为"过来人"的父母，为了让男孩少走弯路，都会打着"为你好"的旗号，自作主张地帮男孩作出决定，简单粗暴地干涉男孩的未来。

诚然，每个人都希望自己的孩子能够获得更好的东西，能够成就更辉煌的未来，但即便如此，作为父母，也没有任何权利去剥夺男孩的决策权，干涉男孩的人生。即便在父母看来，男孩的选择是幼稚、鲁莽的，但只要他的选择不是犯罪，不会让他走上有违道德或法律的道路，那么每个男孩就都有犯错的权利。父母可以向男孩提供建议，可以为他剖析利弊，但未来的道路始终需要男孩自己走下去，也只有他自己有资格成为自己未来的主人，为自己的选择负责。

卢浩从小就喜欢踢足球，还参加了学校的足球队。虽然卢浩在球队中表现不错，但因为身体条件所限，他其实在运动方面并没有过人的天赋。

上高中之后，课业越来越繁重，想要兼顾学习和足球队的事，卢浩也显得有些力不从心。父母一直希望卢浩退出球队，好好学习，但卢浩自己不这么想，他甚至萌生出了想要做一名职业球员的心思。

有了这一想法之后，卢浩特意找了个时间，对父母说："我有个同学的叔叔在省体工大做老师，我咨询了他一下，他也看过我的几场比赛，他说只要我系统地进行一些训练，想要考体育大学应该是没问题的。所以，我有点想练足球，以后做一名职业球员……"

结果，卢浩话还没说完呢，妈妈就愤怒地打断了他："想什么呢你！成天就知道不务正业，做白日梦，你看看你身上这几两肉，踢什么球！还梦想当球星啊，你明天就给我退出学校足球队！"

听了妈妈的一番话，卢浩脸唰地就白了，刚想反驳就被爸爸摇了摇手制止了。爸爸把激动的妈妈拉到了一边，然后平静地对卢浩说："别听你妈的，你自己也别急着作决定。这是关乎你未来的大事，你自己也多去了解一下，好好想一想。你想做一名职业球员，那就得明白，如果真的选择走这条路，有哪些好处以及会面对什么风险。不管你怎么想，儿子，你都要记住，这是你自己的未来，作了选择你自己就得承担后果。爸爸更希望你能坚持自己以前的想法，好好学外语，将来考这个专业，毕竟你在这方面很有天赋。当然了，不管你的决定是什么，爸爸妈妈都会支持你，你自己好好想想再决定吧。"

爸爸的一席话成功地安抚了卢浩的情绪，之后一个星期，爸爸和妈妈都没有再找他谈过话。在冷静地考虑过后，卢浩最终宣布了自己的决定：放弃上体育大学，参加外语辅导班，辞去学校足球队的队长职务，但不打算退出球队。

如果没有爸爸的制止，可想而知，卢浩和妈妈之间必然免不了一场争吵，到最后，可能妈妈压制下卢浩，断绝了他报考体育大学的想法，或者也可能卢浩一怒之下，咬着牙决定非得报考体育大学。不管是哪一种结果，卢浩心中必然都有所郁结。但睿智的爸爸成功制止了这一切，他没有干涉儿子的选择，而是直陈利弊，让卢浩自己去思索、自己去选择。这样一来，反而成功安抚了卢浩激动的情绪，也让卢浩能够更冷静地去考虑所面临的种种问题，最终作出对自己最好的选择。

很多时候，男孩或许还不够成熟，不具备把事情处理得尽善尽美的能力，但男孩也并不像父母以为的那样无知、那样冲动，他也有自己的想法、自己的考量。严厉的管束和惩罚或许会让男孩因恐惧而顺从，却无法让他们明白道理、看清利弊。所以，当男孩在选择的十字路口徘徊时，请不要擅自替他们决定未来，也不要逼迫他们走上你所认为正确的那条道路。从人生阅历上来说，父母或许是"过来人"，但在男孩的成长道路上，没有任何所谓的"过来人"，那条成长的道路，是属于他们自己的，是独一无二的。

犯错并不可怕，在人生这条道路上，谁都会有犯错的时候，而犯错实际上也正是一个很好的学习机会。所以，父母应该给男孩犯错的权利，很多事情，只有让男孩自己去经历、自己去感受，才能真正从中获得宝贵的经验教训，而这些经历终究会成为伴随他成长的重要宝藏。

☞ **细节 79：鼓励男孩犯错。**

人正是在不断犯错中获得成长的，一个人如果从不曾经历风雨、遭遇挫折、犯下错误，那么他永远不会获得真正的成长。在成长这条道路上，犯错不可怕，真正怕的是连犯错的冲动都不敢有。男孩犯错，至少说明他自主地动手做了什么，不是依据父母稳当的安排，也不是按照规章制度按部就班，而是通过自己的选择主动地做了什么。一个男孩如果无法自己做主，什么都依赖父母，失去所有犯错的机会，那么他将永远也无法获得真正的成长和蜕变。所以，从这个角度来说，作为父母，我们不仅不该想尽办法地阻止男孩犯错，反而应该鼓励他去犯错，让他在错误中获得成长。

☞ **细节 80：多一点儿包容，多一些耐心。**

有的男孩犯错，是因为做事不得章法，没有技巧，局限于自身的认知水平；而有的男孩犯错则可能是因为自身能力不强，即便有想法也无法实施。通过男孩犯的错，我们可以更好地窥见男孩的弱点和不足，这大概就是犯错所能带来的最重要的东西。

在成长的过程中，犯错并不可怕，真正可怕的是犯错之后却依旧不懂自己错在哪里。因此，当男孩犯错时，父母应该做的不是责骂或处罚，而是应该耐心地去了解，帮助男孩剖析犯错的缘由，并教会男孩以后如何避免犯下相同的错误。父母多一点儿包容和耐心，才能帮助男孩从错误中收获宝贵的经验，提升自己的素质。

☞ 细节81：教会男孩为自己的决策负责。

通常来说，到十几岁的时候，男孩基本上已经具备了较强的思维能力，完全可以通过一些努力去把事情做好。这个时候的男孩真正缺乏的不是能力而是经验，而经验是需要在实践中一点点积累的。因此，为了让男孩以后能够独立自主地面对生活、解决问题，父母应该从小就有意识地帮助男孩培养决策能力，让男孩可以按照自主的想法和意识去决定一些事情。

在生活中，父母不妨给男孩创造一些决策的机会，让他自己学着作一些选择。更重要的是，父母还要教会男孩，无论选择的结局是什么，都必须懂得为自己的决策负责。这样循序渐进，相信男孩必然能够养成自己作决策的习惯，也能够成为有担当和有能力为自己的决策负责的人才。

7.不压制，保护男孩的探索精神

著名的教育学家卡尔·威特曾说过这样一个小故事：

有一次，小卡尔看到一本介绍动物的书中说老虎其实是由猫演变而来的。小卡尔觉得很神奇，感到有些不可置信，于是就找父亲老卡尔询问这件事情。

老卡尔非常博学，是家里的"百科全书"，似乎不管什么事情他都知道。他对小卡尔说道："确实有这种说法，但到目前为止，科学家们并没有找到确切的证据来证实这个说法，但我认为这种说法也是有一定道理的。"

小卡尔想了想，又疑惑地问道："可如果老虎真的是猫变的，那怎么不是所有猫都变成老虎了呢？为什么这个世界上还存在猫呢？是它们自己不愿意变成老虎吗？"

老卡尔这一次并没有直接给出答案，而是饶有兴味地问儿子："那你是怎么想的呢？你认为这是为什么。"

小卡尔想来想去，有些迟疑地说道："或许是那些猫儿太懒惰了，只顾着玩耍，所以就没有变成老虎！"

听了这话，老卡尔笑了起来，说道："你的答案很有意思。懒惰确实是个坏习惯，不管放在猫身上还是放在人身上都是一样的。懒惰的猫永远只是猫，成不了厉害的老虎。"

小卡尔赞同地点点头，若有所思地说道："懒惰确实很不好，会让人错过很多好处。懒惰的猫儿变不成老虎，懒惰的猴子变不成人，懒惰的人变不成……更厉害的人！"

……

一下午，小卡尔都兴致勃勃地和父亲聊天，从动物的进化聊到人身上的惰性。不管他提出怎样匪夷所思的问题，老卡尔都极有耐心地回答着，并引导着他往更深的方向去思索，找出有趣的答案，一直到小卡尔感到疲倦，父子俩才结束这一场有趣的对话。

老卡尔真是个充满智慧的父亲，面对儿子小卡尔一个个天马行空的问题，不仅没有表现出不耐烦，反而鼓励儿子通过自己的思考一步步得出答案。更令人佩服的是，利用这场谈话，老卡尔还引导小卡尔自己想明白了懒惰所带来的危害。

爱思考、爱探索是每个男孩的天性，但可惜的是，并不是所有父母都有老卡尔这样的智慧和耐心，愿意花费时间和精力去陪伴男孩思考、探索。甚至有的父母为了避免麻烦，还会直接压制男孩探索的欲望，粗暴地打断他们的探索行为。

很多父母之所以不支持男孩天马行空的探索行为，是因为他们认为这是毫无意义并且浪费时间的事情，不仅会耽误男孩做"正事"，有时甚至可能让他们身陷险境。但实际上，这样的想法和做法都是极其不明智的。要知道，所有伟大的想法和创新的思维往往都是在探索中灵光一现形成的。孩子的想法往往天马行空、不着边际，然而很多时候，正是这些天马行空、不着边际的想法，促成了一个又一个奇迹。

所以，作为父母，请不要阻止男孩对这个世界的探索，更不要压制他对这个世界的好奇。过分的管制和束缚，会摧毁男孩对这个世界的强烈热情和探索欲望，让他们在成长的过程中失去很多乐趣以及学习新知识的机会。

☞ **细节 82：注意培养男孩的观察能力。**

探索是由好奇滋生的，而好奇则是从观察开始的。要培养男孩的探索精神，在日常生活中，父母就要有意识地培养男孩对事物的观察能力，让男孩在观察中发现乐趣，激发好奇心，从而促进男孩的探索精神。

此外，利用男孩善于观察的特性，父母还能通过生活中的一些小事来启发男孩，引导他们进行更深层次的思考，从而获得成长和进步。

☞ **细节 83：耐心回答男孩天马行空的问题。**

孩子的思维方式与成年人的思维方式是有很大不同的，因此，很多时候，对于男孩提出的种种问题，父母或许都会感觉不可思议、天马行空。在这种时候，父母一定要能够转变自己的思想，站在男孩的角度去严肃对待这些问题，千万不能表现出对这些问题和想法的不屑一顾，否则很可能会打击到男孩思考和探索的积极性。

☞ **细节 84：保护男孩的自尊心。**

通常来说，孩子的探索精神更甚于成年人，因为很多孩子正是在成长的过程中逐渐失去了对世界的好奇和对未知的探索欲望。而导致这一切的罪魁祸首，往往正是男孩最亲密无间的父母。

面对男孩的好奇和种种看似天马行空的想法，如果父母总是以"呆傻""这都不懂""想些没用的"之类的说法来作为回答，打击男孩的自尊心，那么久而久之，男孩自然也就不会再去思索这些东西了。趋吉避凶是动物的天性，聪明的人类更是懂得这一点，因此，受伤往往会让人变得退缩、畏惧，故而才会有"一朝被蛇咬，十年怕井绳"之说。

所以，为了保护男孩探索世界的热情，父母一定要谨言慎行，无论何时都记得保护男孩的自尊心，让他们的心灵能够在不断的探索中获得满足与成长。

☞ 细节 85：鼓励男孩大胆思考，探索未知。

男孩往往会通过一些"调皮"的举动来显示自己的好奇和探索热情，比如把手边的东西拆得七零八落，这些让父母头疼不已的行为，实际上都源于对事物的好奇。在面对这些"无理"行为的时候，如果父母总是严厉地训斥，那么必然会逐渐打消男孩探索的积极性。

当然，即便是为了保护男孩的探索精神，我们也不可能无理由地纵容男孩成为一个"破坏者"。父母不妨试着引导男孩，让他在把手边的东西分解得七零八落之后，努力学习如何将它们恢复如初。通过这样的方式，不仅能够让男孩学会如何正确地进行探索，同时也能让他们明白，自己造成的后果就得自己来承担。

Chapter 5

不怕败，敢受挫：
挫折是锻炼坚强男孩的最好教材

俗话说得好："自古雄才多磨难，从来纨绔少伟男。"一个没有经历过挫折和磨难的男孩，就如同从未被雕琢过的璞玉一般，纵使内里有千般的智慧和才华也无法显现出来，只能混迹在普通的石块和瓦砾当中，庸庸碌碌。挫折就如同生命的试金石一般，男孩唯有在挫折中才能锻炼出坚强的意志与无畏的勇气，才能在成长道路上逐渐绽放夺目的光彩。

1.痛苦不可怕，提升孩子的受挫能力

一位日本学者曾说过："任何事情都要靠自己的努力，对孩子进行努力教育和挫折教育，让他们在失败中学到本领，将来才能自食其力。"确实，没有谁的人生路永远都是坦途，你永远不知道何时会遭遇风雨、面对荆棘。一个人即便有再高的天赋和才华，如果没有面对挫折的勇气和战胜挫折的能力，那么也注定是无法走得长远的。

作为父母，除了照顾男孩的衣食住行之外，还要能够在教育男孩的过程中给予男孩正确的帮助和引导，帮助男孩提升受挫能力，让他可以在今后的人生中坦然面对一切痛苦与失败，这是为人父母不可推卸的责任。

亮亮从小身体就不太好，虽然没生什么大病，但各种小病从来没断过。也因为这样，妈妈对亮亮有些溺爱，恨不得什么事情都帮亮亮安排好，硬生生把亮亮娇养得像个小姑娘似的。

有一年暑假，乡下的奶奶打电话过来，要求亮亮妈妈把亮亮送到乡下去待一个月，说是要磨磨亮亮那娇滴滴的性子。虽然妈妈很舍不得，但最终还是拗不过爸爸和奶奶，把亮亮送去了乡下。一开始亮亮妈妈三天两头就往乡下跑，带这带那的去给宝贝儿子，直到奶奶发了一次火之后，才不情不愿地结束了这种"两地奔波"。

好不容易挨到了一个月的时间，亮亮妈妈赶紧叫上亮亮爸爸一块儿去乡下接儿子回家。他们到的时候，亮亮正和一群孩子在村里一个小学的篮球场打篮球。夫妻俩和奶奶打了声招呼后就急不可耐地朝篮球场去了。

爸爸妈妈刚到篮球场，就看到球场上两群孩子正气势汹汹地对峙着，各不相让，这其中就有被晒得有些黑的亮亮。原来，村子里就这么一个篮球场，孩子们正在争抢篮球场的使用权。眼看气氛越来越僵，妈妈很是担心亮亮吃亏，作势就要走上去给儿子出头，结果却被爸爸一把拉住了。

这时，亮亮突然走上前，和对峙的那群男孩说了些什么，经过一番交涉之后，两方居然都散了，而且还各自挑出队员来在场上打起了比赛。原来亮亮站出来向大家提议，用比赛的方式来决定篮球场的使用权。眼看着一场争端被儿子顺利解决，妈妈心里百味杂陈，似乎也有些明白奶奶的意思了。

很多时候，男孩其实比父母所想象的更优秀，也比父母所想象的更具潜能。就像亮亮，在妈妈无微不至的关爱和过分的照顾下，他长成了一朵娇气的"花"。但这并不意味着他天生就是软弱的，只要把他丢回"大自然"，让他学会面对挫折和痛苦，那么他终将会一步步长成参天的大树。

在成长的过程中，痛苦并不可怕，相反，唯有遭遇过痛苦、经历过挫折的人，才能真正获得性格、品质、心态等方面的锻造，从而得到真正的成长。一个没有感受过痛苦、遭遇过挫折的人是软弱的，一帆风顺的经历只会让他们变得毫无抗挫能力，面对困境时只会逃避和放弃。这样的人日后踏入社会，想要站稳脚跟，便得付出更多更惨烈的代价。

日本心理学家做过一项调查，结果发现那些性格软弱、缺乏耐心的人，往往会很容易产生自杀的念头。而对于男孩的成长来说，挫折与磨难正是磨砺他们耐心、帮助他们塑造坚强性格的最有力"工具"。所以，父母请记住，哪怕你心疼、不忍，也不应阻止男孩去面对成长中的挫折与痛苦，你可以给他建议，给他帮助，唯独不能代替他去受磨砺。

在漫长的人生道路上，跌倒并不算什么，真正可怕的是跌倒之后没有勇气再次站起来，或一味将希望寄托于别人身上，指望别人来帮扶。挫折是男孩成长的必修课，也是生活永远躲不过的必由之路。挫折带给男孩的磨砺与成长是非常可贵的，这就如同一场痛苦的涅槃，唯有经历过这一切，男孩才能浴火重生，让自己变得更优秀、更坚强，从而在日后的人生道路上走得更稳也更远。

☞ 细节 86：教育男孩正确看待痛苦与挫折。

一个人抗挫能力的强弱与这个人对待挫折的心态和想法是息息相关的。对于抗挫能力强的人来说，磨难不过就是人生的必经之路，只要能闯过这个关卡，走过这条道路，便能收获宝贵的财富。而那些抗挫能力弱的人在面对挫折和磨难时，往往却只会怨天尤人，抱怨老天对自己不公。

所以，想要提升男孩的抗挫能力，首先要做的，就是教育男孩摆正心态，正确看待痛苦与挫折，心态正了，男孩才能以一颗坦然而勇敢的心去面对挫折、战胜挫折。

☞ 细节 87：设置障碍，帮助男孩提升抗挫能力。

人是需要逐步成长的，抗挫能力的提升同样也是需要一步步累积的。如果父母总是忙着帮男孩扫除成长路上的障碍，让他事事顺心、一帆风顺，那么等有一天父母再也无法护住男孩的时候，一旦困难降临，便可能直接把男孩打入深渊。所以，在日常生活中，父母不仅不应该帮男孩扫除一切障碍，相反地，还应该适时地设置一些障碍，让男孩可以去面对一些挫折和磨难，从而一步步提升自己的抗挫能力。

比如在男孩做作业遇到困难时，父母不要直接告诉他答案，而是应该引导他想办法自己解决；或者让男孩接触一些难度较高的游戏，让他体验失败和挫折带来的失落感。需要注意的是，设置障碍一定要考虑男孩的性格特点和心理承受力，否则过多的打击很可能会伤害男孩的自尊和自信，让他们变得自卑起来。

☞ **细节88：让男孩在挫折中寻找"金子"。**

挫折能够带给我们最宝贵的东西就是经验教训以及对品质和心态的磨炼。在面对挫折的时候，父母要教会男孩明白一个道理：如果摔倒，那么爬起来也要记得抓一把沙子在手上。

如果一个人遭遇挫折和失败之后，不懂得吸取教训、总结经验，那么挫折与失败带给他的只能是痛苦，因为下一次再遭遇同样的事情时，他依旧可能再次跌倒。所以，父母要教导男孩，让他明白，挫折与失败之中暗藏着"金子"，需要我们在自省和总结中去寻找。

2.亮剑精神，激发孩子战胜挫折的勇气

人生是一场不曾停歇的拼搏，你只有不断向前，不断接受新的挑战

和坎坷，才能踏上梦想的坦途，走近辉煌的成功，而在这个过程中，勇气是每个人必须拥有的力量和态度。人非生而勇敢，同样也非生而懦弱，一个人是否能够拥有战胜挫折的勇气和胆量，全在于成长过程中所受的教育和所经历的事情。

相信没有哪一个父母会期望自己的男孩胆怯懦弱，然而，很多时候，却恰恰是父母对男孩的教养出现偏差，才使得男孩变成易碎的"瓷娃娃"，失去了面对困难时敢于拼搏的勇气，这样的男孩以后在社会上是很难立足的。可见，从小培养男孩的优良性格，在他的成长中注入敢于拼搏的勇气，是至关重要的一件事情。

父母对男孩的教养方略和态度对男孩性格的形成有着至关重要的影响，所以在教育开始之前，父母首先要做的就是认清并避免走入教育的误区。比如很多父母对男孩过度溺爱，处处保护，恨不得挡在男孩前面，帮助他扫尽一切障碍，这种过度的娇惯往往就会使男孩形成严重的依赖心理，遇到困难和挫折首先想到的就是向父母求助，把希望寄托在别人身上，这样的男孩自然不可能拥有敢于拼搏、战胜困难的勇气。而与之相反的另一种父母，则是对待男孩过分强势，多以简单粗暴的打压手段来"控制"男孩，强硬地干涉男孩的一切事情，这样教养出来的男孩要么是叛逆又暴躁的，要么就是懦弱又胆怯的。可见，教育孩子这件事情并不简单，最重要的还是在于把握好一个"度"，无论父母想走慈爱路线还是严厉路线，都要懂得"适度"二字。

人这一生总是不可避免地会经历许多痛苦与挫折，小的方面比如生病吃药打针，大的方面比如工作中受委屈或家庭遭遇变故等，这些事情都是我们在这一生中不可避免会遭遇到的。在遭遇这些痛苦的时候，想要取得成功，我们就得勇敢面对，而不是一味逃避，否则便只能碌碌无为，一事无成。

父母如果不希望男孩以后成为这样一个怯懦胆小的人，就应该从小培养他的拼搏精神和勇敢精神，让男孩明白，想要成为一个强者，在人生这条艰难的道路上，必须拥有亮剑精神，敢于向着困难而去，敢于迎着挫折而战。拼搏了你未必会成功，但退缩了你便注定与失败为伍。

☞ 细节 89："英雄情结"，激发男孩的勇气。

每个男孩都有"英雄情结"，希望自己能像众多作品中的英雄们一样去拯救世界，获得赞誉。父母不妨利用这一心理，有意识地给男孩灌输"勇敢"的思想意识，让这种思想意识逐渐成为男孩性格的一部分。

比如在看有关超级英雄的电影时，父母可以根据故事的发展，在关键时刻对男孩说："你瞧，蜘蛛侠又一次战胜坏人，拯救了世界。坏人明明那么厉害、那么可怕，但蜘蛛侠依然鼓起勇气站了出来，坚持到底，最后获得了胜利。儿子，你以后也要像蜘蛛侠那样勇敢，知道吗？"这样的教育方式比单纯的说教更能让男孩放在心上。

☞ 细节 90：做男孩坚实的后盾，给予男孩充足的信心。

男孩之所以在面对困难和挫折时缺乏勇气，说到底还是因为他们对自己没有信心，不相信自己的能力，也不相信自己能够处理得好，因此才会退缩、会害怕，把希望完全寄托在别人身上。尤其那些尚未经历过风浪的男孩，初次遭遇挫折的时候，难免会手足无措，束手无策，但这并不意味着他们就甘心妥协、甘心失败。在这种时候，父母是否能在男孩背后"推一把"就显得至关重要了。

所以，当男孩在挫折面前徘徊不前甚至有所退缩的时候，父母千万不要去打击或责骂，而是应该坚定地站在他的身后，做他坚实的后盾，给予他足够的信心，激励他勇敢向前。

☞ 细节 91：走进男孩的内心世界，了解他究竟"怕"什么。

很多时候，由于表达能力不足或者心智尚未成熟，男孩往往不能准确地向父母传达自己内心真实的想法，因此常常会给父母一种无理取闹或胆小畏缩的印象。但其实，男孩的很多表现都是可以追根溯源的。比如开学的时候，男孩哭闹着不肯去上学，单从表现上来看，似乎确实是男孩在无理取闹，但事实上，男孩之所以会有这样的表现，必然有他自己的原因，比如他可能是害怕面对即将到来的交际，也可能是不愿离开爸爸妈妈，甚至可能是因为没做完作业不敢面对老师……但不管是哪一种原因，想要从根本上解决问题，让男孩充满信心和勇气地去面对，父母都必须先走入男孩的内心世界，了解他到底在想什么、怕什么，这样才能真正帮助男孩解开心结。

☞ **细节 92：让男孩"当家做主"，培养领袖能力。**

男孩缺乏勇气最直观的一个表现就是不敢也不愿意在众人面前表现自己，恨不得让所有人都别注意到自己，做个安全的"小透明"。这种害羞的表现往往会让男孩错失很多机会，长此以往，如果一直没有任何改变，那么只会让男孩越来越害羞，越来越习惯隐藏自己的优点，对他未来的发展是极为不利的。

为了改变男孩这样的特点，父母不妨从家里的事务开始，把一些力所能及的事情交给男孩去安排和决策，让他逐渐习惯"当家做主"的感觉，习惯成为一个领袖。这样，久而久之，男孩的害羞心理自然也会逐步减弱，甚至烟消云散。

☞ **细节 93：潜移默化，帮助男孩消除恐惧。**

通常来说，即便是再大胆的男孩，在面对未知的事物——比如黑暗的屋子、紧闭的衣柜、恐怖的玩偶时，往往也都会不可抑制地产生恐惧感。恐惧正是源自未知，因为不知道，不可预见，不可掌控，因此人才会恐惧。男孩在面对挫折的时候也是如此，因为感觉到自己无力去掌控情况，无力去改变现状，又不知会遭遇怎样的后果，因此会恐惧、会退缩，不敢向前。

消除恐惧不是件容易的事，必须一步一步、潜移默化地进行。比如想让男孩不怕黑，父母就要让他知道，只要打开灯，光明便会降临；男孩恐惧衣柜背后的未知，那么父母就打开衣柜，让他看个清清楚楚；男孩恐惧可怕的玩偶，父母就要让他知道，这些玩偶是如何制作出来的。同理，父母要帮助男孩消除对挫折的恐惧，就要让他明白，在面对挫折的时候，只有勇气能够为他带来希望与转机。

3.坚持到底，不要轻易放弃

在我们周围，从来不乏那种一遇到挫折就怨天尤人、退缩放弃的人，而这样的人无论做什么事显然都是无法成功的，他们缺乏成功者必备的韧性与坚持，注定只能碌碌无为，埋没在庸碌的生活之中。

纵观古今，不论在哪一个行业，但凡是能做出成绩的人都有一个共同点，那就是坚持。成功的道路是坎坷的，注定难行，如果不具备坚持的精神，那么永远都不可能走到花团锦簇的终点。而在现实生活中，由于父母的溺爱和纵容，不少男孩从小就缺乏坚持到底的精神，不管做什么，受一点苦、受一点累就哭天抢地，这样下去，一旦这种性格特点在成长中定型，那么男孩注定是干不出什么名堂的。

其实，培养男孩坚持到底的精神并不难，最直接有效的方法就是鼓励。当男孩遭遇挫折、陷入失败或者叫苦连天时，父母要做的，不应该是心疼地将他护在羽翼之下，而应该是鼓励他，告诉他："再来一次，成功或许就在前方！"

一天下午，刚下班回到家，韩小刚的妈妈就接到了儿子班主任的电话，说韩小刚已经一连好几天没交英语作业了，而且还频频在英语课上打瞌睡。

等到韩小刚放学回来，妈妈就直接把他叫进了房间，告诉他班主任打电话过来的事，然后问韩小刚："来，说说看，为什么不交英语作业，也不好好听讲。英语本来就是你的弱项，怎么还那么不重视？"

听到妈妈的问话，韩小刚眼圈有些红，低着头倔强地说道："我讨厌英语，讨厌背单词，讨厌认音标……总之，只要是英语的一切我都讨厌死了，怎么学都学不好。我不想学英语，所以不想听课，也不想做作业！"

韩小刚的话让妈妈很是诧异，虽然她知道英语一直是儿子的弱项，但她没想到，儿子对英语这一科目的抵触竟然已经这样深了。

虽然韩小刚说的话有些偏激，但妈妈并没有因此而生气，也没有责骂韩小刚。她很理解，从小韩小刚就是个好学的孩子，在学校成绩也都名列前茅，但从开始学习英语这一科目之后，他的成绩排名下降了很多，也确实似乎不太具有学习这一科目的天赋，可以说，英语成了韩小刚学习上的一大挫折。

为了鼓励韩小刚，妈妈想了想对他说道："看来这大概是遗传啊，妈妈当年上学的时候，最头疼的也是英语，怎么学都学不好，什么单词、音标，想起来都头疼。不过后来，妈妈咬牙坚持学了一段时间，虽然一开始进步比别人慢，但到后来也算是像模像样了。大学的时候，妈妈英语还过了六级呢！可见，这困难归困难，坚持一下,总是能见着成绩的。"

韩小刚有些犹疑,看了妈妈半天才嘟哝道:"真的假的……我又不是你,真能学会?"

这次妈妈笑了起来:"你当然不是我啦,你是我儿子,青出于蓝而胜于蓝嘛,你比妈妈聪明,肯定能比妈妈当年学得好。所以,再努力坚持坚持,一定能看到成绩的。总不能因为这么一科就拖了自己后腿嘛,对不对?"

听完妈妈的话,韩小刚心中又涌现出了一些信心,他重重地点了点头:"嗯,那我就继续再试一试!"

正是妈妈的鼓励,给了韩小刚希望和信心,让他在即将放弃面对英语这一"苦难"时又再次下定决心,继续坚持下去。可见,父母的鼓励对于男孩来说是非常重要的动力。当男孩在挫折与失败面前一蹶不振的时候,他们需要的正是一些积极的暗示,来让他们重拾对自己、对未来的信心,而这是父母完全能够给予他们的。

在通往成功的道路上,每个人都不可避免地需要经历风雨,越过坎坷。在这段难行的路途中,摔倒不是什么可怕的事,只要摔倒之后还能重新坚持站起来,吸取每一次摔倒的教训,持之以恒地向着目的地前进,那么就必然会有抵达终点的一天。

当然,很多时候,男孩或许还不明白这个道理,他们需要的是父母的鼓励和鞭策。如果父母因为心疼而为他们找借口,纵容他们退缩,那么只会让男孩距离成功越来越远。所以，为了男孩的未来，父母一定要从小培养男孩有始有终的习惯，让他不管做什么事情都能坚持到底。

☞ 细节 94："名人效应"，激励男孩坚持不懈。

通常来说，"名人效应"无论对大人还是孩子都是有显著效果的，很多时候，父母苦口婆心的一番话可能都抵不过某个"偶像"微不足道的一句话。崇拜偶像是男孩的天性，所以，父母不妨好好利用这一点，通过用男孩"偶像"的故事来激励男孩，让男孩向"偶像"学习，培养坚持不懈的精神。

☞ 细节 95：让男孩时时看到自己的进步。

很多时候，我们做事难以坚持，往往是因为一直付出，却始终看不到回报，毕竟再坚强的人也难免会有绝望的时刻。因此，当男孩做某件事情的时候，父母不妨多夸夸他，让他能在付出努力之后，意识到自己的进步和收获，哪怕这些进步和收获微不足道，但有回报就意味着有希望，也就更能给予男孩坚持不懈的动力和决心。

☞ 细节 96：从小事入手，磨砺男孩坚强的意志。

我们每天的生活都是由一件件看似鸡毛蒜皮的小事所组成的，我们养成的每一个习惯往往也都是在做这些鸡毛蒜皮的小事中逐渐形成的。因此，在教育男孩时，父母一定要记住，哪怕是最细微的事情，也不能放纵男孩，有时候，正是这些看似平常的细枝末节，决定了男孩未来的性格与习惯。

小事往往才是塑造人品格与习惯的起点，所以，要想磨砺男孩坚强的意志，培养他坚持不懈的习惯与精神，就得从小事入手，让他坚持去做好那些看似不重要的小事。

☞ **细节 97：父母的鼓励，男孩的动力。**

科学家曾对一些世界级的运动员做过调查，结果发现，在他们早期的训练中，给予他们最大影响的人正是父母，因为父母对他们时时的鼓励，才让他们能够在艰苦的训练中坚持下去，一步步披荆斩棘，戴上桂冠。

父母的鼓励是男孩前进的动力，因此，当男孩做某件事的时候，父母请不要吝啬对他的赞扬和鼓励，哪怕只是微不足道的小进步，只要能得到父母的肯定，对于男孩来说，也会成为促使他不断前行的动力。

4.坐享其成是男子汉的耻辱

现如今，社会上的一些不良风气和低俗影视作品正腐蚀着人们的心灵，甚至对孩子价值观的形成也造成了不少负面影响。许多人开始指望能通过买彩票、坑蒙拐骗或者赌博等手段一夜暴富，从此过上纸醉金迷的逍遥生活。这种坐享其成的价值观是非常危险的，不仅容易让人失去奋进的精神和进取的目标，甚至可能让人走上犯罪道路，毁掉自己的人生。

没有任何一个父母会希望把男孩教育成一个没有上进心、只想着坐享其成的人，但在现实生活中，很多父母却因为溺爱男孩，不舍得男孩受一丁点儿苦，甚至无条件地满足男孩一切不合理的要求，殊不知，这样的做法正是致使男孩滋生不劳而获心理的"罪魁祸首"。

周末的时候，因为爸爸妈妈要加班，就把上小学四年级的儿子韩凯送到了奶奶家。中午的时候，韩凯告诉奶奶自己想吃鱼，奶奶赶紧打电话让爷爷遛弯回来的时候顺便去菜市场买条新鲜的鱼，打算做给宝贝孙子吃。

鱼买回来之后，爷爷就被老伙伴叫去了公园下棋，奶奶一个人在厨房忙活，韩凯则坐在沙发上看电视。刚把鱼处理好，奶奶就发现家里的酱油用光了。韩凯喜欢吃红烧鱼，没有酱油不行，于是奶奶就叫韩凯："凯凯，去楼下小卖店帮奶奶买瓶酱油，家里没酱油啦！"

结果，一连叫了好几声，奶奶都没听到韩凯的回应。从厨房出来后，奶奶发现韩凯正淡定地坐在沙发上看动画片呢。奶奶有些不高兴，又冲着韩凯喊了一遍。韩凯不高兴地瞥了奶奶一眼，大声说道："我不去！正看到关键的地方呢！做菜之前也不准备好，现在才说没酱油！"

听到韩凯的埋怨，奶奶生气地把电视机关了，严肃地教育韩凯："凯凯，你怎么能这样跟奶奶说话呢？你说想吃鱼，奶奶马上叫爷爷买回来，然后就忙着给你做，就让你去买瓶酱油，多大点事儿啊？这是你想吃的鱼，稍微做点儿贡献怎么了？做人不能光想着坐享其成，什么都不肯付出啊！"

奶奶话刚说完，韩凯就挥着拳头不高兴地嚷嚷开了："奶奶你真烦人！你打扰我看电视了！在家里妈妈也会给我做红烧鱼，都不用我去买酱油！哪里像你，总让我干这干那的，以后我再也不到你们家来了！我要回家，要和爸爸妈妈在一块儿！"

看着被宠坏了的孙子，奶奶心里一阵憋闷，最后只得把厨房的火关了，自己闷闷不乐地出去买酱油。

韩凯之所以变成这个样子，与父母的娇惯是脱不了干系的，就像他说的，在家里父母从不要求他做事情，想要什么都会满足他，于是才养成了他这种坐享其成，不懂感恩，也不愿意付出一点儿劳动的习惯。在家里，父母可以让着他、惯着他，但将来到了社会上，和别人打交道的时候，别人又凭什么让着他、惯着他呢？

成功的桂冠永远不会从天而降，一个总指望着坐享其成的人，永远也不可能获得他人的认可，享受成功的荣誉。如果父母总是给男孩过多的保护，舍不得他做任何家务劳动，那么久而久之，必然会把男孩教育成像韩凯这样坐享其成的人，这无异于斩断了男孩未来成功的可能，甚至可能让他变成一个好逸恶劳、好吃懒做的家伙。

古今中外，任何一个成功人士的背后必然都有历经沧桑的故事，没有谁是可以坐享其成的。只有那些从小就懂得勤奋，踏踏实实干事的男孩，长大之后才能通过正当的渠道实现自己的梦想。所以，如果父母希望男孩未来能成为一个有能力、有担当的人，就应该从小培养他的劳动意识，从而抵制不劳而获的思想。

☞ 细节 98：遇到问题，让男孩自己想办法。

父母不是男孩的保姆，没有必要事事包揽，让男孩完全无用武之地。要知道，一个人的成长指的不仅仅是年龄的增长，更是能力的提升和人格的完善，而这一切都是需要在挫折和磨难中一点点去积累、去沉淀的。所以，当男孩遇到问题的时候，父母应该学会放手，鼓励男孩自己去想办法解决。毕竟只有通过独自面对问题、解决问题，男孩才能真正得到成长的历练。

☞ 细节 99：帮助男孩树立"要花钱，自己挣"的思想意识。

为了让男孩深刻体会到现实的艰辛，同时也为了避免男孩形成坐享其成的思想意识，父母应该从小就给男孩灌输"要花钱，自己挣"的理念，让男孩明白，自己所得到的一切，并不是天生就理所当然的，而是应该通过自己的努力和付出才能争取到。

通过自己的劳动换取报酬，这是一件值得自豪的事情，父母应该让男孩明白这一点。在日常生活中，父母可以给男孩一些"工作"，比如打扫卫生、洗碗等，让男孩通过做这些"工作"来获得自己想要的报酬，这不失为一种很好的锻炼方式。

☞ 细节 100：创造一种拼搏奋进的家庭氛围。

对于男孩来说，父母就如同他人生路上的第一个导师，同时也是第一个榜样。父母的言行举止、思想习惯对男孩性格的形成都有很大影响。因此，为了让男孩养成拼搏奋进的精神，父母一定要懂得以身作则，给男孩创造出一种拼搏奋进的家庭氛围，让男孩在这种家庭氛围的影响下潜移默化地形成拼搏奋进的精神。

5.坦然接受，失败并不可怕

荷兰阿姆斯特丹有一座古老的寺院，寺院里有一座石碑，上面刻着这样一句话："既已成为事实，只能如此。"

无独有偶，在 20 世纪的时候，著名的思想家、神学家尼布尔也说过一句类似的祈祷词："上帝，请赐给我们胸襟和雅量，让我们平心静气地去接受不可改变的事情；请赐给我们力量去改变可以改变的事情；请赐给我们智能，去区分什么是可以改变的，什么是不可以改变的。"

不管是石碑上那句发人深省的话，还是尼布尔那段令人回味的祈祷词，实际上都是在告诉我们一个道理：坦然接受现实给予我们的一切，哪怕是失败和痛苦。

确实，很多时候，生活都不掌握在我们手中，已经发生的事情，不管好坏都已成事实，不论我们痛苦也好，欢快也好，都不能再对此有任何改变。既然如此，我们又能如何呢？心存怨怼、愤恨不平，也不过是一种对自己的折磨；相反，若是能放开胸怀，坦然平静，至少能让心灵得到解放，让自己的未来拥有其他可能。

不管是痛苦还是失败，都是人生不可或缺的点缀。在男孩的成长历程中，父母应该让他明白这个道理，教会他如何用一颗平常心去面对失败、接受失败，唯有如此，才能在失败之后迅速收拾心情，为成功作准备。

何岑从小就是个非常认真的男孩，不管做什么事情都力求做到尽善尽美。也因为这样，何岑没少从大人那里获得夸奖，不管是爸爸妈妈还是家里的其他亲戚，甚至邻居、朋友，学校的老师、同学，都没少夸奖何岑。

或许正因为成长在各种赞扬声中，所以何岑十分好胜要强，不管干什么事情都想做得比别人好。一开始，爸爸妈妈都觉得何岑这样的性格挺好的，毕竟因为好胜心强，所以不管是学习还是生活，几乎不需要爸爸妈妈说什么，何岑就能自觉地把一切事情都处理好、安排好。

直到有一次，爸爸妈妈带着何岑一起参加小区举办的一个游园会，游园会设置了许多让父母和孩子一起参加的亲子游戏，根据成绩还能拿到各种不同的礼品。

爸爸妈妈和何岑参加的第一个游戏是投掷豆子，操作很简单：先把一粒豆子放在地上，然后拿另一粒豆子从大约半米高的地方往下丢，每人有 10 次投掷机会，根据击中豆子的次数来记分。

刚开始的时候，何岑投掷豆子一共中了 5 次，成绩算是中等。

原本何岑对这个游戏也没太认真，可偏偏排在何岑后头的是一个年纪比他还小的男孩，一投就中了 8 次。这一下就激起了何岑的好胜心，他又排在后头投掷了一次，结果中了 6 次，依然比不上那个孩子。何岑非常生气，又继续排队重来，结果一连投掷了三四次，何岑都没能投出比 6 次更好的成绩。

看着儿子一副气鼓鼓的样子，爸爸妈妈都说着好话劝他去玩别的游戏，但一直到游园会结束，何岑却还是一副闷闷不乐的样子，甚至一回家就莫名其妙地发火，跑回了自己的房间。看着儿子反常的样子，爸爸妈妈这才意识到问题的严重性，一直习惯了被夸奖、被瞩目的儿子根本就输不起，可在这个世界上，又有谁是永远不会输的呢？

在我们周围，像何岑这样"输不起"的男孩并不在少数，他们与何岑一样，习惯了被追捧、被夸赞，从小就活得一帆风顺，根本不曾感受过挫败的滋味。因此，一旦什么时候输了，他们就会开始乱发脾气，不认输，甚至愤怒地退出、离开，甚至亲手毁掉自己的"作品"。从儿童心理学的角度来说，"输不起"的心态并不奇怪，人人都有好胜心，男孩同样如此。但如果放任这种心态过分发展下去，则可能带来难以预料的麻烦，最终伤人害己。

其实，失败并不可怕，男孩在成长的过程中遭遇任何挫折和困境都是再正常不过的一件事情，真正可怕的，是男孩不知道该怎样去面对失败、整理心情，从而展开人生的下一段新征途。但这又是每个男孩的必修课。

☞ 细节 101：让男孩明白：失败并不可怕。

在人生的旅途中，失败是不可避免的一件事情。谁都不想失败，这是人之常情，但生活往往并不会按照我们的意志去发展，失败也不会因为我们不喜欢、不想要就消失。其实，失败给我们带来的未必都是不好的结果，关键还在于我们面对失败时的态度。

同样是失败，对于软弱者来说，带来的是折磨人的消极情绪；而对于强悍者而言，带来的不过又是一次磨砺意志、锻造品格的机会。当男孩遭遇失败，产生消极情绪的时候，父母要及时引导男孩，让他明白，失败并不是一件可怕的事，只要坦然接受，它其实与他所经历的每一件事都没有多少差别。

☞ 细节 102：别总指望男孩做"常胜将军"。

男孩对失败的恐惧和无法接受，很大一部分原因来自父母。很多父母都希望自己的儿子能够像"常胜将军"一样，无论何时、何地都站在成功者的位置。但事实上，在这个世界上，没有谁是可以一直站在高处俯瞰众生的，哪怕是世界上最聪明、最优秀的人，一生也难免会遭遇失败。

所以，父母不要总指望把男孩打造成"常胜将军"，有时父母的期盼对于男孩而言，就如同沉重的负担和束缚。适时地让男孩经历一些磨难，对他以后的成长是大有裨益的。

☞ **细节 103：有意识地让男孩体会失败和挫折。**

在日常生活中，父母要懂得适时地给男孩"下绊子"，让他在小事中体会到何谓失败、何谓挫折，这对男孩的成长是大有好处的。要知道，这个世界上没有谁拥有绝对的好运，人总会不可避免地遭受生活的打击，因此，与其让男孩在一帆风顺中成长，不知道哪天被风浪吞噬，倒不如早点儿"动手脚"，让男孩体会失败和挫折带来的痛苦与磨砺，以期在未来的道路上能坦然面对风雨。

6.男孩，站起来就是赢家！

美国前总统林肯曾说过这样一句话："此路艰辛而泥泞，我一只脚滑了一下，另一只脚因而站不稳。但我缓口气，告诉自己，这不过是滑一跤，并不是死去而爬不起来。"人生的道路就是如此，即便艰辛而泥泞，随时可能让我们摔跤，但不管摔得有多惨，只要还能爬起来，重整旗鼓、继续向前，那就仍然存有成功的可能。

然而，在我们周围，却有很多人都不懂得这个道理，总是在遭遇一点点的挫折和失败之后就开始自暴自弃、怨天尤人，失去进取的希望与信心。成年人如此，年纪尚轻的孩子更是容易出现这样的状况。

对于心智尚且不够成熟的孩子来说，父母和家庭对他们的影响是极其深远的，如果父母不能恰当引导，反而给予他们过分的保护和关爱，连一点儿挫折和困难都舍不得让他们去经历，那么必然会让他们成长得软弱有余，坚韧不足，经不起生活的一点儿打击。

陈睿今年小学四年级，是个聪明好动的男孩，学习成绩一直都非常优异，每年都被学校评为"三好学生"。

陈睿的家庭情况比较优渥，父母收入都十分可观，对他也非常宠爱，可以说，在生活中，陈睿从来不曾受过什么苦，物质上父母更是几乎对他有求必应。或许正是因为各方面都非常顺遂，所以陈睿不免有些自视甚高，总觉得自己处处都比别人强。

但没想到的是，意外还是发生了。期末考试的时候，不知怎么的，陈睿居然发挥失常，成绩头一次掉到了班级前十名以外，年级上就更排不上名次了，也因为这次失误，使得陈睿这一年没能评上学校的"三好学生"，这让陈睿深受打击。更让他郁闷的是，由于这一次成绩退步太明显，班主任还特意把他叫到了办公室，明里暗里地敲打了他一番，让他不能"骄傲自大"。

卷子发下来之后，陈睿不可置信地把每一科的试卷都翻看了好几遍，试图找出老师批改错误的地方，却始终徒劳无获。发现再没有"翻盘"的可能之后，陈睿陷入了情绪低谷，一连几天都把自己关在房间里，任凭爸爸妈妈怎么安慰，他都没能高兴起来。

见儿子一直情绪不佳，爸爸决定和儿子进行一番父子间的谈话。在爸爸的一番安抚下，陈睿的心情总算有些许改善，闷闷不乐地对爸爸说出了心里的郁结："爸爸，我觉得特别难过，不仅是因为这次没考好，更重要的是，不管是老师还是同学，都觉得我是因为太骄傲了，所以成绩才退步这么多。甚至还有人在背后说我以前考那么好，可能都是作弊的……我觉得特别难过，爸爸，我再也不想去学校了，不想和那些人待在一起……"

看到儿子这样脆弱的表现，爸爸突然意识到，都是因为从前太护着儿子了，舍不得他受一点儿委屈，这才让他变成今天这个样子，连一点点小小的失败都扛不住。爸爸严肃地对陈睿说道："睿睿，你是个男孩子，怎么可以这么脆弱呢？不过就是一次小小的失败，你的实力摆在那里，不是别人说说就没有的。如果连这么点儿小事都承受不住，那你以后怎么去面对生活？要知道，相比今天的事情来说，你以后需要面对的挫折远远比这要艰难得多，你又该怎么去应对呢？人这一辈子，不要害怕跌倒，真正应该怕的，是因为自己的懦弱，使得自己在跌倒之后再也不敢站起来，不敢向前走！一次的考试失败算什么事呢？等开学了，还有无数次的考试等着你呢，收拾好精神，下次好好考，不就又成功了吗？"

听到爸爸的话，陈睿若有所思，情绪也渐渐平稳了下来。

在生活中，像陈睿这样的人不在少数，他们总是遭遇了一点点的挫折，就会把后果想得十分严重，好像天都要塌了一般，从而让自己沉浸在负面情绪的影响中不可自拔。然而正如陈睿爸爸所说的那样，在往后的生活中，挫折只会越来越多，越来越艰难，如果男孩连成长历程中这些小小的挫折都担不起，日后又怎么可能有能力去承受更多的风雨和打击呢？

要想男孩日后成长为一个坚强勇敢、经受得起失败考验的强者，父母必须懂得从小就培养男孩积极的心态和敢于挑战的勇气，让他们能够在跌倒时勇敢站起来，坚持把坎坷的道路走到底。

☞ **细节 104：父母要"狠心"，男孩才能学会坚强。**

不少男孩之所以缺乏抗挫能力，经受不住一点儿风雨的打击，归根结底还是因为父母对他们太心软，总想着让男孩过得舒心快乐，自己则在背后帮他扫尽一切"障碍"。然而，这样的教养方式固然会让男孩度过一个无忧无虑的快乐童年，但人不可能永远不长大，总有一天，男孩会拥有独立的生活，到那个时候，父母也就鞭长莫及了。

因此，为了男孩长远的未来，父母一定要能"狠心"，让男孩有机会去经历风雨的洗礼，感受挫折带来的辛苦和煎熬，也只有这样，男孩才会真正成长，变得坚强。

☞ **细节 105：引导男孩正确处理失败引发的负面情绪。**

失败并不是件令人舒心的事，任何人遭遇失败之后，必然都会产生不良情绪，这是非常正常的事情，重要的是能不能正确地处理这些不良情绪。在这种时候，父母的引导就显得尤为重要了。经验丰富的父母懂得如何帮孩子处理失败后的情绪，从而让孩子能够从失败的阴影中获得解脱。

☞ 细节 106：为男孩树立"够得着"的目标。

当男孩陷入困境，遭遇失败之后，必然会对自己信心骤减，这种时候，父母的鼓励就显得更为重要了。此外，为了激励男孩尽快从困境中站起来，重新树立自信，父母不妨给他制订一些"够得着"的目标，让他试着从实现这些目标的成就感中逐步获得力量，获得成长。

7.提前"演练"，训练男孩的抗挫能力

每个人必然都经历过挫折与失败，相信不少年纪尚轻的男孩也不例外。在遭遇挫折时，有的男孩可能因此而丧失前进的勇气和动力，变得懦弱不堪；有的男孩则可能凭借一股气，在坚强意志的支撑下，一步步走向成功。而男孩不同的表现主要源自家庭教育的不同。

植树节的时候，某小学组织学生们到山上去参加植树活动。抵达之后，班主任就迅速分配完了任务，女生主要负责给新入土的小树苗浇水，而男生则主要负责挖坑和栽树苗。

在老师分配完任务之后，同学们就兴高采烈地投入了工作，唯独有一个男孩什么都没干，自己一个人坐在大树下。老师看到了男孩，便走过去问他说："同学，怎么坐在这里没干活呀？"

男孩抬起眼睛看看老师，懒洋洋地回答说："不会，而且我身体不好，也干不动。"

老师想了想，委婉地劝说道："能干多少就干多少，你瞧，班上的女孩子们也都在干活，你是男孩子，总不能比女孩子还娇气吧？快起来搭把手吧，热爱劳动是好习惯！"

拗不过老师，男孩只得有些不情愿地拎了把铁锹和其他同学一块儿去挖坑。结果，挖了还没有 10 分钟呢，老师就听到了男孩的哭喊，急匆匆走过来才知道，原来这个男孩手上的皮肤太嫩了，挖了不一会儿手掌就被铁锹磨得起了水泡。这平日里娇惯成这样的"小祖宗"，哪里见过自己手上磨出水泡，于是被吓哭了！

看着捧着手大哭的男孩，老师也感觉万分无奈。

"如今这些孩子，怎么越来越娇贵了呢？"不少父母都发出过这样的感慨，然后一边感叹着，一边习惯性地帮孩子剥好橘子，削好苹果，把他们换下来的衣服放到盆里开始清洗……是啊，现在的孩子怎么就那么娇贵呢？还不是父母惯的！

现在的很多父母，总想着为了能让儿子专心学习，恨不得帮他们把生活里的一切事情都给做了，不让他们操一点儿心。但凡可能"影响"到儿子的事情，父母几乎都一手包办，避免让儿子受一点儿委屈和挫折。这种做法表面上看是对男孩的关爱，但实际上，父母的做法无异于剥夺了男孩获得历练的机会，也断绝了男孩在挫折中获得成长的可能。

一棵小树苗想要长成参天大树，就必须经受住自然的考验。如果总被隔绝在暴风骤雨之外，受到温室的保护，那么小树苗便永远只是小树苗，根本无法长成参天大树。对于小树苗而言，温室既是保护，却也是束缚。男孩的成长也是如此，父母就像是他的温室一般，一味躲在父母羽翼之下的男孩，永远也不可能长成真正的"参天大树"。

要知道，困难与挫折背后都是男孩成长路上的宝藏，这段看似艰辛困苦的旅程，恰恰能给男孩带来意想不到的惊喜。扛得过这段艰苦，男孩便能更上一层楼，在磨砺中获得能力的提升和人格的完善；如若中途退却，那么男孩注定只能庸庸碌碌，与成功失之交臂。

所以，如果想让你的男孩成为强者，那么作为父母，就不要总想着处处保护他、限制他，而是应该勇敢放手，让他学会自己去经历那些成长路上的磨难。当然，需要注意的是，为了避免男孩在遭遇挫折和磨难时产生畏难或自卑的消极情绪，父母一定要时刻关注男孩的心理活动以及承受能力，必要时也可以考虑人为设置一些挫折，让男孩提前进行"演练"，从而训练男孩的抗挫能力。

☞ **细节 107：和男孩分享自己的失败经验。**

很多时候，男孩之所以畏惧失败，是因为他们不曾经历过失败，不懂失败这件事到底糟糕到了怎样的地步，恐惧往往正是源于未知。因此，父母不妨多和男孩分享一下自己生命中的一些失败经验，让男孩吸取教训的同时，也让他们明白，失败不过是人生道路上的一段旅程，每个人都会经历，并没有什么大不了的。等男孩能够以平常心去面对失败的时候，自然也就不会因惧怕失败而退缩了。

☞ 细节 108：多给男孩提供自我锻炼的机会。

从很多年前开始，一些发达国家就已经有针对性地对孩子进行抗挫折能力的培养。比如在日本，从幼儿园到小学，孩子都被要求不管什么样的天气，都必须穿着短裤去学校，哪怕是在大雪纷飞的冬天也不例外，这种方式为的就是锻炼孩子与严寒作斗争的意志力。这一举措的真正目的，不是让孩子变得更"扛冻"，而是为了让他们有经历困难和痛苦的机会，并在这种磨砺中获得成长。

☞ 细节 109：让男孩在生活中体验"失败"。

现在的男孩是幸福的，他们生活在一个富有的时代，几乎不曾经历过生活的苦与累，也不曾真正感受过生活的艰辛与不易，加上父母的刻意保护，生活顺遂的男孩变得越来越脆弱，越来越不堪一击。古人云："生于忧患，死于安乐。"为了男孩长远的未来，在日常生活中，父母不妨想办法多让男孩体会"失败"的感受，让他们在挫折中吸取经验，获得成长，这样才能让他们在日后面对生活的打击时不至于手忙脚乱，惊慌失措。

☞ **细节 110：即使"碰壁"，也尊重男孩的选择。**

我们一直强调，父母要尊重男孩。每个男孩都有自己独立的思想，不管父母出于怎样的目的，一味要求男孩按照自己的想法去做事，必然会招致男孩的不满和反抗。其实很多时候，父母没必要一直想方设法地帮助男孩规避危险，相反地，有时即便早知道男孩的选择会"碰壁"，父母也应该适当放手，尊重男孩的选择，让他自己亲自去试一试。

有很多道理，不亲自去体会是永远都记不牢的；有很多经验，不历经痛苦的洗礼，是永远无法积累的。要知道，成长就是一条需要摸爬滚打，在伤痕累累中蜕变的道路，所以即便是看着男孩去"碰壁"，父母也要懂得适当放开手，尊重他的选择。

Chapter 6

不奢望，正心态：
降低过高期望，别把男孩压成侏儒

父母的心态决定了男孩的状态。在教育男孩的过程中，父母一定要摆正自己的心态，切莫陷入"功利误区"，把男孩当成显摆的"工具"。要知道，过高的期望只会带给男孩难以承受的压力，非但不能促使男孩快速成长，反而可能让男孩在"超负荷"的情况下被压成"侏儒"，失去原本的活力。摆正心态，父母少一分奢望，男孩就能多一分快乐。

1.望子成龙，也要从实际出发

每个父母都有望子成龙的心愿，期盼自己的孩子能成为出色的人，受到众人的赞扬和肯定，成为万众瞩目的楷模。有这样的期望很正常，但如果父母的期望远远超过了男孩本身的能力，那么这种期望所带来的压力很可能会将男孩彻底压垮。

在父母心中，自己的孩子必定是优秀的，因此，在教育男孩的时候，父母常常会过分地高估男孩的能力，总觉得别的孩子能做到的事情, 自己的男孩只要努力也一定能做到。所以, 当电视上、网络上充斥着对各种"学识渊博"的孩子的专访时, 不少父母开始为自己的孩子寻访各种打造"神童"的机构, 恨不得能一夜之间激发男孩的全部潜能, 让他也成为人人夸赞的"神童"。

浩然是个非常聪明的男孩, 还不到 2 岁就能从 1 数到 100, 而且对 1 到 10 以内的加减法也是手到擒来, 等到 3 岁的时候, 浩然就已经能做简单的乘法运算了。

在发现浩然的数学天赋之后, 浩然的爸爸妈妈都非常高兴, 并开始着重在这方面教导训练儿子, 教儿子打算盘, 引导儿子玩数学类游戏, 等等。那时候, 周围的人都称浩然是"数学小神童", 爸爸妈妈也骄傲地觉得, 儿子以后一定能成为一名数学家。

在这样的期盼下, 浩然的父母更是加紧了对他的训练, 给他报了各种各样的数学班, 恨不得把数学梦都糅进浩然的脑袋里。浩然也算不负众望, 在一次又一次的数学竞赛里拿了一个又一个奖项。

但是, 在浩然刚上初中的那一年, 他却突然跟爸爸妈妈说, 他决定退出数学兴趣班, 加入学校足球队去踢球。结果自然是招来了爸爸妈妈的反对, 他们软硬兼施, 就是不许浩然因为踢球而荒废了数学方面的才能。

在和父母商量无果之后, 浩然决定先斩后奏, 偷偷离开数学班, 进入了学校的足球队。没过多久, 浩然的父母还是发现了他的所作所为。浩然的妈妈非常生气, 直接来到学校, 帮浩然退出了足球队, 并强制把浩然又"押"回了数学班。

虽然迫于父母的威慑，浩然最终放弃了足球，但因为这件事情，浩然对数学产生了厌恶感，在数学班也不再像之前那样用心了。

一个月后，浩然参加了一场全国性的数学竞赛，如果能在这场竞赛中取得好的成绩，那么对于浩然日后的升学来说是极有帮助的。根据浩然以往的表现，绝大多数人都对他寄托了极大的希望，可令人意外的是，在这次竞赛中，浩然居然破天荒地没能取得任何名次。

在这次竞赛之后，浩然对数学的兴趣越来越淡，没过多久就结束了在兴趣班的学习。

客观来说，或许浩然在数学方面的确比大多数人更有天赋，但很显然，浩然的父母对他的期望似乎已经超过了他的天赋，成了他沉重的负担。假如一开始浩然的父母能够以平常心来看待浩然，鼓励但并不强迫他去学数学，那么浩然也不至于在沉重的压力之下丧失对数学的兴趣。

这个世界上的确存在天才，但相信没有哪一个天才是被父母强制训练出来的。父母应该明白，男孩就像雏鹰，纵使有展翅高飞的一天，但至少现在，尚未成熟的他们所拥有的只是一双稚嫩的翅膀，还担不起翱翔天际的渴望。

父母都期盼男孩能有出息，这是人之常情，但即便如此，在对男孩寄托沉重的希望之前，也应该考虑到男孩的年龄和实际情况。期望并非是越高越好，不切实际的期望对男孩来说反而可能是一种伤害。

在教育男孩的时候，父母不要只懂得站在自己的角度去思考，而是应该多考虑男孩个人的兴趣爱好和想法。如果总是逼迫男孩去做他不喜欢、不愿意做的事，或总是催促男孩去完成他不可能完成的目标，那么也只会增加男孩的心理负担，甚至引起男孩的反抗情绪。所以，父母应该记住，望子成龙无可厚非，但期望值究竟有多高，还是应该以男孩的实际情况为参考。

☞ **细节 111：期望要合理，别给男孩增添压力。**

父母在教育男孩的时候，应该从男孩的实际情况出发，对男孩的期望也要符合男孩本身的条件。为了避免给男孩增加压力，父母不妨先从低要求开始，一步步引导男孩达成目标，再根据男孩的情况逐渐提高期望值。这样不仅能够激发男孩的自信心，而且还能循序渐进地引导男孩提升自己的能力，避免男孩因过高的期望和要求而产生挫败感和自卑感。

☞ **细节 112：收起家长威严，尊重男孩的想法。**

俗话说"强扭的瓜不甜"，不管父母心中对男孩有怎样的期盼，都应该以尊重男孩的想法为前提。如果男孩不愿意去做一件事，那么即便父母能利用家长权威来逼迫男孩低头妥协，在做这件事的时候，男孩也不能真正做到尽心尽力，最后反而可能"竹篮打水一场空"。

要知道，父母想要赢得男孩真心的尊重，不是靠所谓的权威或震慑得来的，而是靠对男孩的尊重和关爱得来的。

☞ **细节 113：正确认识男孩，为男孩合理定位。**

很多父母之所以对男孩有着不切实际的高期望，很大一部分原因是他们对男孩并没有一个合理的定位，可能在感情的驱使下，在潜意识中过分美化了男孩。所以，在向男孩表达自己的期望，并为男孩制订目标之前，父母应该做的第一件事，就是正确、客观地认识男孩，给他一个合理的定位。

☞ **细节 114：不要用客观条件给男孩施压。**

有的父母为了刺激男孩的上进心，往往喜欢夸大一些客观条件来给男孩施压，比如不少父母大概都对男孩说过这样的话："孩子，你可要对得起我们啊，家里为了让你读书，砸锅卖铁，辛苦操劳……"

父母对男孩说这样的话，或许只是为了激励他努力奋进，然而，父母却不曾想过，这样的话带给男孩的还有不可抑制的内疚和自卑，这些负面情绪对男孩的成长是非常不利的。因此，父母要记住，不要再用客观条件去给男孩施压，逼得太紧，反而可能让男孩透不过气。

2.高压政策，只会把男孩撵向对立

每个人都渴望追求完美，然而我们也都知道，这个世界上并不存在十全十美的人或物。不管多么优秀的人，必然也会有缺点；不管多么不堪的人，必然也能找出一些优点。所以，在面对男孩的时候，父母不要总是诸多挑剔，恨不得用各种条条框框的政策来"绑住"男孩，指望把他变成你心中理想的样子。要知道，很多时候，父母越是强势，越是期望用高压政策来打压男孩，就只会把男孩推得越远。

一天下午，一个七八岁的男孩走进彩票站，打算买一注"七星彩"，在选择彩票号码的时候，男孩选的是"8899174"。看到这个号码，店主有些意外，毕竟这号码的谐音似乎不太吉利，恐怕很少会有人用这么一串不吉利的数字来当彩票号码吧。

在摊主耐心的询问之下，男孩这才把心里的事说了出来。原来他之所以来买这注彩票，是因为从别人那里听说，用这个方法可以诅咒自己讨厌的人，而男孩最讨厌的，就是为了让他提高成绩、一直用高压政策来"折磨"他的爸爸和舅舅。男孩说，从小到大家里管得都特别严，自己除了学习还是学习，几乎没有任何娱乐时间。尤其是又快到期末考试了，爸爸和舅舅对他的管教更是严上加严，让他时刻感觉喘不过气来。

听完男孩的叙述，店主规劝了他许久，直到男孩情绪平复下来之后，才打消了买这注彩票的念头。

虽然男孩的爸爸和舅舅是出于为男孩好的目的而对他严加管教的，但很显然，这种可怕的高压政策还是给男孩造成了难以想象的伤害。试想一下，一个年仅七八岁的小孩，究竟是怀着多少痛苦和恨意，才会狠得下心去诅咒自己的父亲和舅舅？

自古以来，望子成龙就是天下父母的共同愿望，尤其在今天，随着社会竞争逐渐加剧，父母望子成龙的渴望更是变得越来越强烈，恨不得把所有知识都塞到男孩的脑袋里，甚至不惜牺牲男孩玩乐的时间，硬生生把男孩的童年变成了"课堂"。不可否认，父母做这一切都是为了孩子拥有更好的未来，在这个过程中，父母也同样牺牲了很多，付出了很多。但这样高压式的教育并不是男孩想要的，对他们的成长也未必就有好处。

在高压式的教育下，男孩会越来越惧怕父母，尤其当这种教育超出了男孩可承受的范围，更会给他们造成巨大的压力，让他们在不断的挫败中变得越来越自卑，对周围的一切都表现出反感甚至仇视的情绪。

在高压政策的鞭挞下，明媚的世界也终将变得一片灰暗，原本应该充满愉悦的汲取知识的过程也将变成痛苦难熬的折磨。在这样的过程中，男孩会越来越叛逆，离父母越来越远，而父母也会在抱怨孩子不懂自己苦心的委屈中变得越来越暴躁。

所以，请停止这种充满伤害的高压政策吧，家庭本该是可以让男孩安心的避风港，父母本该是男孩坚实的后盾，别让巨大的压力将男孩越推越远。

☞ **细节 115：低声细语比高压政策更容易让男孩接受。**

有儿童心理学家指出，根据男孩的心理特点来看，父母用低声细语的教育方式，往往比直接粗暴的高压政策更容易让男孩接受，从而取得更好的教育效果。

男孩正处于生长发育的过程中，各方面都还不够成熟，自我控制能力也比成年人要弱得多，因此情绪非常容易受到外界环境的影响。父母在教育男孩的时候，如果总是用直接粗暴的方式，强硬地训斥男孩，或向男孩下达命令，那么受到父母这样强烈情绪的感染，男孩的情绪往往也容易变得比较激动，可能会惊慌失措，也可能同样暴躁无常，但不管是哪一种情况，这种强烈的情绪波动显然会让男孩变得缺乏理性，即便父母说的话是正确的，他们也很难接受。所以，不管是一味地指责还是粗暴的拳脚，除了让男孩受到更多的心理和生理伤害之外，对教育男孩是没有任何好处的，甚至会让男孩变得仇视父母，失去对父母的依赖感和信任感。

著名的教育家苏霍姆林斯基就曾提出，尊重与要求之间存在一种"数学依存性"，即 10 与 1 的比。简单来说就是，我们希望男孩做到 1，那么就得给予他 10 倍的尊重，这样才能达成我们的目的。

父母在男孩面前的权威不应是通过发脾气或严厉的要求来树立的，事实上，只要父母能够以身作则，讲出无法辩驳的道理，哪怕是轻声细语，也必然会让男孩感受到父母的沉着与威严。此外，父母温和的态度不会激起男孩激烈的情绪反应，并且更容易引发男孩与父母谈话的兴趣，增进彼此的沟通与交流。

☞ 细节 116：摒弃"填鸭式"教育，好孩子是教出来的。

很多父母为了让男孩变得更优秀，更具备竞争力，恨不得一天 24 小时都把男孩按在书桌上学习。除了正常的上课之外，还请家教，报各种补习班、兴趣班，买各类教辅教案，学习占据了男孩生活的大部分时间。但事实上，这种"填鸭式"的教育带给男孩的，往往只会是越来越深的疲倦感和对学习的厌恶感。

好孩子是慢慢教出来的，父母应该做的不是不顾男孩的意愿，想尽办法把知识全部填进他的脑袋里，而是应该思考如何激发他们的学习热情，让他们主动自觉地去学习自己感兴趣的、擅长的东西。不管是知识还是技能，只有用心去汲取，才能真正变成自己的。

3.允许男孩失败，他不是"常胜将军"

有的父母在管教男孩方面表现得极其严厉，不管男孩做什么事情，一旦出错或者做得不够好，就会遭到父母的斥责。在这些父母看来，严师才能出高徒，严管才能出孝子，因此他们总是对男孩有着严厉的要求，不允许他们犯一点儿错。

但实际上，不管做什么事情，准备得再周全，考虑得再细致，不到最后一刻，谁都不能保证百分之百会获得成功。在人生的道路上，失败总是如影随形的，甚至很多时候，失败与错误都不是我们自己可以控制的。更何况人非圣贤，孰能无过，成年人尚且不敢保证事事都做得完美无缺，又怎么能要求男孩不犯任何错误、不遭遇任何失败呢？

从古至今，社会进步的过程都遵循着犯错—学习—尝试—纠正这样一个规律，人的成长同样也是如此，正是通过这样的循环，人才得以不停地积累经验，在成长中获得蜕变。如果父母对男孩总是要求过高，不允许他犯错，不允许他失败，那么无异于阻断了犯错的源头，让男孩只能停留在原地，故步自封，最终被时代所抛弃。所以，当男孩因犯错而遭遇失败的时候，父母不要总是忙着横加指责，而是应该让男孩学会从中反省，吸取教训，在失败中寻获真理。

暑假期间，爸爸妈妈带李磊到夏威夷度假。一天，他们一家去了著名的黑沙滩，李磊兴冲冲地和其他度假的小朋友一块儿玩耍，爸爸妈妈则在沙滩上携手散步。

正在这个时候，李磊突然兴冲冲地拿着一个模型船冲到了爸爸妈妈跟前，笑嘻嘻地说道："爸爸妈妈，你们快看，这个是不是很漂亮？"

李磊手上拿着的是一个精致的模型玩具船，他们之前曾在商场里看到过一个类似的，价钱并不便宜。于是妈妈疑惑地问道："这是哪里来的？"

李磊一边爱惜地摆弄着模型船，一边随意地说道："这是刚才在那边，我用自己的小木船和一个俄罗斯的小弟弟交换来的。他很喜欢我的木船，而我也很喜欢他的模型船，所以我们就交换了！"

李磊说的木船是爷爷在家闲来无事用多余的木料给他做的，不值什么钱，但那个模型船不同，一个至少卖 20 美元呢，这价钱差得可不是一星半点儿。

听完李磊的话，妈妈就急了，琢磨着要是对方的家长知道这件事，领着小孩找上门来，那真是丢人丢大了！想到这里，妈妈不由得有些愠怒，语气不太好地冲李磊说道："你这孩子怎么能这样呢？贪这种小便宜做什么？你是大哥哥，怎么能用这种方式去坑小弟弟，还不赶紧把东西还回去，去和人家道歉！"

说着，妈妈一把拽着李磊让他带路，走向那个和他交换了玩具船的俄罗斯小男孩。妈妈从李磊手里抢过模型船，递给了站在俄罗斯小男孩身边的女士，抱歉地说道："真不好意思，我儿子不懂事，这个模型船你们拿回去吧。"

可没想到，那位女士不仅没从李磊妈妈手里接过模型船，反而一脸惊诧地对她说道："不，为什么要道歉呢？这个玩具是我买给儿子的，他完全可以自己做主。既然他用这个玩具和这位小朋友交换了别的玩具，那么这个模型船就是这位小朋友的了。虽然这笔买卖或许有些亏本，但已经成交了，怎么可以反悔呢？一会儿我会带着他去商场看看那条模型船，让他知道他亏了多少，这样他以后就不会再轻易犯下相同的错误了。"说着，这位俄罗斯女士还友好地冲着李磊眨了眨眼睛。

听了这位俄罗斯妈妈的一席话，再想想自己刚才对儿子的一通指责，李磊妈妈顿时感到一阵惭愧。

在李磊妈妈看来，儿子用木船换了对方昂贵的模型，是一种非常不诚信的行为，因此她愤怒地批评了李磊。但她却忽略了一点，在孩子的世界里，一条木船和一条昂贵的模型船之间未必真的有如此巨大的价值差异。事实上他们发起这样的交换行为完全出自一种简单的想法：你喜欢我的玩具，我也喜欢你的玩具，所以我们可以相互交换。

那位俄罗斯妈妈则不同，她非常尊重儿子的权利，哪怕他因无知而做成了一笔亏本的"买卖"，她也并未加以干涉，而是打算通过更有效的方式让儿子认识到自己犯下的错误，并从中吸取教训。

在成长的过程中，任何一个男孩都会犯错，也都可能因为自己犯下的错而迎来失败的结果，这是非常正常的一件事情。如果父母总是对男孩的失败表现出明显的"厌恶"和愤怒，那么必然会给男孩造成巨大的心理压力，让他对犯错和失败产生恐惧感，这样一来，在面对挫折和困难的时候，男孩便更容易因为恐惧而怯懦退缩，不敢放开手脚去拼搏了。

☞ 细节 117：失败没关系，男孩不是"常胜将军"。

不管是在学习上还是在生活中，失败都是在所难免的。当男孩遭遇失败的时候，父母应该理解他，告诉他失败没什么大不了。男孩不是"常胜将军"，不可能在哪里都表现得所向披靡。允许男孩失败，不仅是父母对男孩的一种信任，更是人生在世应当学会的一种处世哲学。

☞ 细节 118：避免用负面暗示摧毁男孩的自信心。

有的父母在男孩遭遇失败的时候，因为心情不好，往往会口不择言地教训男孩，但事实上，在这种时候，男孩自己的失落感和自责感并不会比父母更少，父母的批评和斥责无疑是对男孩的又一次伤害。尤其是在愤怒之下，父母的一些口头禅无异于给了男孩一种负面的心理暗示，甚至可能彻底摧毁男孩的自信心。

☞ 细节 119：把错误当成促进男孩学习的过程。

很多时候，男孩做事犯错都是因为耐心不足、不够专心或者某方面的能力有所欠缺。在这种时候，父母应该给予他更多的鼓励和支持，引导他发现自己的问题并进行反省，从而改正错误，提升自己的能力。

直接粗暴地指责除了让男孩产生自卑感和罪恶感之外，对教育男孩是没有任何好处的。因此，在男孩犯错时，父母不管有多么生气，多么失望，都应该控制好自己的情绪，把这次犯错的经历看作是促进男孩学习进步的过程。

4.该重视的是学习，不是分数

坊间有这样一句至理名言："分，分，分，孩子的命根！"对于这一调侃，很多人都不陌生。虽然这种说法存在夸张的成分，但不可否认，在现实生活中，男孩的学习成绩确实在很大程度上决定了他们所受的"待遇"。分数的高低就如同能够左右父母情绪的"晴雨表"一般，光是瞧瞧卷子上的分数，大多数男孩基本上就能预测到父母今天的心情和脸上的表情了。

诚然，考试是检验学习成果的标准之一，父母关心男孩的考试成绩也无可厚非，但需要注意的是，假如父母在不经意间把考试成绩当成了评判男孩的唯一标准，那就有所偏颇了。要知道，对于男孩来说，最重要的在于他能学到什么，而不是他考了几分。父母真正应该重视的是男孩的学习情况、学习效果，而不是考试分数。

甄强是个品学兼优的孩子，当然有时候也会出现考试成绩不理想的情况。每到这种时候，甄强的压力就会特别大，而这种压力主要来自对他要求严格的妈妈。每次只要考试成绩不符合妈妈的期望，甄强就能在妈妈眼中看到浓浓的失望和指责，这让甄强感到非常难受。

一次，语文老师布置了一篇《写给爸爸/妈妈的一封信》的作文，甄强深有所感，把自己想对妈妈说的话都写进了作文里。甄强写道：

"亲爱的妈妈，您可知道，我并不像您以为的那样无忧无虑。每天我要上学，要完成老师布置的作业，要去上您给我报的补习班，几乎没有玩耍的时间。尤其是快要考试的时候，为了不让您失望，我总是要复习到深夜才敢入睡。每次在考场里，我都感觉心惊肉跳，生怕考得不好，又会从您眼中看到失望和指责。

"从小您就特别关心我的学习成绩，每次考试得第一名的时候，您都会喜笑颜开，恨不得告诉全世界您的儿子有多么优秀。每当这种时候，我都感觉很高兴也很自豪。但如果我考试没考好，您就会摆出一副冷淡的面孔，失望地看着我，指责我不够努力。这种滋味真是令我难受极了。每当这种时候，我都会想，您是不是真的爱我，还是爱我的考试分数……

"妈妈，我真的很希望哪怕在考试得高分的时候得不到奖赏，也不希望在考不好的时候被您冷漠对待。您的态度让我感到害怕，也让我觉得无地自容。我不知道您为什么总把分数看得那么重要，也不知道是不是没有分数，您就不会再关心我，爱我……"

甄强或许问出了许多孩子的心声：妈妈，您爱的究竟是分数还是我？

当然，父母对孩子的爱是毋庸置疑的，父母之所以重视孩子的分数，说到底还是出于对孩子的爱和担忧，希望孩子能好好学习，将来有一条好的出路。但孩子未必能明白这一点，在他们看来，父母对自己的态度完全就是被分数左右的，分数高，父母和颜悦色；分数低，父母阴云密布。在这样强烈的对比下，恐怕很难让孩子相信父母对自己的爱是无条件的吧。

其实在学习中，分数所体现的只不过是某个阶段的学习情况罢了，它只是一个能够在大略上衡量学习效果的标尺，仅仅能反映在一段时间内学生对某个知识点的掌握情况。很多父母实际上都在无形中放大了分数的意义，甚至在不知不觉中习惯用分数的高低来作为划分"好孩子"与"坏孩子"的参照。这种认知是非常错误的，过分强调分数只会给孩子造成巨大的心理压力，甚至让孩子对学习产生反感和惧怕的情绪。

☞ **细节 120：分数不是衡量男孩好坏的唯一标准。**

分数不是评价男孩好坏的唯一标准，考试分数高，不代表男孩就一定是优秀的；考试分数低，也不意味着男孩就不具备任何优点。考试成绩仅仅是对某些知识点掌握情况的反映，父母没必要把分数看得过高，相比之下，男孩的全面发展显然更值得父母去关注。要知道，哪怕是文学界的泰斗钱钟书先生，在上学时数学还得过零分，可谁又能说他不优秀、不成功呢？所以，父母要懂得正确看待分数，不要把分数的意义无限放大，从而错过了真正重要的东西。

☞ **细节 121：正确看待分数，帮助男孩分析试卷。**

考试的目的是为了检测学生在一段时间内的学习效果，帮助学生进行查缺补漏，发现自己知识掌握上的弱点和不足。因此，考试最大的意义并不在于分数，而是在于学生在通过这次考试之后，是否对自己的知识结构情况有更深入的了解。因此，在拿到男孩的试卷之后，父母不应该只把目光集中在分数的高低上，而是应该帮助男孩通过分析试卷来找出他的弱项和不足，帮助男孩获得更多进步。

☞ **细节 122：培养男孩的学习兴趣比分数更重要。**

在学习知识的时候，被动的、强制性的学习方式通常是很难取得理想效果的，尤其是父母越在男孩耳边念叨成绩的重要性，往往就越是容易让男孩对学习产生反感情绪。要知道，兴趣才是最好的老师，因此，父母与其成天在男孩耳边念叨大道理，倒不如想办法激发男孩对学习的兴趣，让男孩主动爱上学习。

☞ **细节 123：除了分数，男孩的身体和心理更重要。**

越是学习成绩不理想的男孩，在面对有关学习的事情时，所承受的心理压力就越大。对于他们来说，学习就是一种沉重的负担，尤其如果父母总在一旁不断念叨诸如"作业写完了吗？""有没有完成复习？"之类的话，就更是会让他们感到厌烦不已，好像遭遇了洪水猛兽一般。

在这种情况下，父母不妨换一种教育方式，或者说换一个关注点，不要再一味紧盯男孩的学习成绩，而是把目光转移到他们的身体和心理的健康上，这样或许会取得意想不到的效果。当父母不再一味强调成绩的时候，男孩也就能够相对轻松一些，而父母对男孩的关心和付出，也会让他们滋生感激之情，从而自觉主动地付出努力，回报父母的关爱。

5.顺其自然，别把男孩逼成"速成品"

回顾自己的童年，父母们大多都有一个共同的感受：自由。

那个年代，物质生活比较匮乏，父母忙着为生活、为工作而奔波，没有多少精力去干涉孩子的成长，大多数孩子自然成长的成分要更多一些。而如今，物质基础越来越雄厚，生活条件也越来越优渥，可相应的，社会竞争也越来越激烈，父母对孩子施加的压力和干涉也越来越多，以至于如今的孩子们在享受丰富的物质条件时，往往都承受着巨大的精神压力。

在成长过程中，男孩所承受的巨大压力通常都来自父母，为了让男孩在激烈的社会竞争中不落人后，很多父母都对男孩给予了过高的期望，恨不得使出浑身解数，把男孩所有的潜力和天赋都给逼出来。然而，父母们却忘了，在教育孩子时欲速则不达。但凡是能够长成栋梁之材的参天大树，必然都经历过时间漫长的洗礼，在风霜剑雨中一步步、一点点地积淀，这才在大地上留下坚实的脚印，承载起成功。

同样的，如果希望男孩成才，父母就得给他足够的时间，让他一步一个脚印地去成长，就像建造高楼大厦那样，唯有先把基础打牢，才能让建成的高楼站得稳当。

著名的作家冰心小时候接受的家庭教育就是一种"慢教育"。冰心的父亲谢葆璋非常疼爱女儿，为了让女儿能够遵循本性地自由成长，从来不会强迫女儿去学习什么，或者刻意要求女儿成为什么样的人。他所做的，只是通过日常生活的点点滴滴，将自己的思想、知识源源不断地教授给女儿，让她通过自己的方式去参悟，去获得教育。

谢葆璋常常会带着女儿登山，并在半山腰屋子的走廊上眺望大海，每次看着眼前辽阔的海洋，小冰心都能感觉到难以抑制的激情与感动。这是冰心童年时期最为深刻、最为美好的回忆之一。

后来，在回忆童年时，冰心曾这样说道："我和父亲一起看大海，我看父亲，也看大海，我觉得父亲的胸襟就像大海一样宽阔、坦荡，做人就应该那样。"

看过冰心作品的人都能感受到她的文字中所传达出的那种灵动与剔透，也唯有谢葆璋这样毫不刻意、遵循自然的教养方式，才能教育出冰心这样温润而出色的孩子。

可见，教育这件事情并非是越"快"越好的，也并非越严厉才越有效。也许有的父母会认为，在当下这个什么都讲求"快"的社会里，快节奏的教育理念才更符合社会需求，也才能培养出真正出色的男孩。但父母也应该明白，成长不是一件速成的事情，不经历岁月的磨砺和锤炼，又怎能锻造得出顶天立地的汉子？正所谓"十年树木，百年树人"，教育是一件漫长而艰辛的事情，只有经过文火慢炖，那些精华才能真正融入男孩的骨血之中，成为他成长过程中的养分。

过分的催逼和压迫对男孩的成长是没有任何积极意义的，相反，它只会给男孩带来沉重的压力，让男孩的身心遭受到极大的摧残和伤害。因此，想要让男孩成才，父母必须要懂得顺应男孩自身的成长规律，而不能一味催逼，把男孩逼成徒有其表的"速成品"。

☞ **细节 124：顺其自然，不要随大流。**

很多父母在教育男孩的时候，都容易陷入随大流的误区。看到别的孩子有什么，就给自己的孩子买什么；看到别的孩子学什么，也让自己的孩子学什么。总之就是非得做到不落人后，生怕别人得了便宜，自己失了先机。

然而事实上，这种随大流的做法不仅不能给男孩带来帮助，反而可能因此而浪费掉男孩原本就珍贵无比的时间，让男孩错过真正对他有所助益的事情。

要知道，在这个世界上，无论什么东西，都没有一个所谓的"最好"，真正的"最好"，归根结底还是讲究合适。就像学习乐器，你很难真正比较出哪一种乐器更好，但你却可以知道哪一种乐器最适合你的孩子。

所以，父母教育男孩的时候，不要忙着去追赶别人，而是应该静下心来，客观地去认识你的男孩，了解他的渴望和需求，然后再为他提供最适合他的教育方式，这样才能达到事半功倍的效果。

☞ **细节 125：每个男孩都有自己独特的成长模式。**

世界上没有完全相同的两片树叶，自然也不存在完全相同的两个男孩。在成长的过程中，每个男孩都有适合自己的独特的成长模式，应用在一个孩子身上的方式，未必就适合其他所有的孩子。因此，在教养男孩的时候，我们不排除一些约定俗成的必要规矩，但也不应被规矩所束缚，非得用条条框框去限制孩子、束缚孩子。

☞ **细节 126：耐心等待，男孩的成长需要时间。**

每个男孩都不可避免地要经历一段不成熟的时期，在这段时期里，他或许会变得极其别扭、不讲道理，也可能变得胡搅蛮缠、令人讨厌，但不管怎么样，这段时期都是人生的一个必经阶段。父母唯一能够做的，就是用足够的耐心去等待，陪伴他度过这段在"摸索"中前进的成长过程。

☞ **细节 127：对于成长，努力比聪明更有用。**

在成长中，努力往往比聪明更有用。人的智力虽然存在一定差别，但除非是天纵奇才，否则大部分人之间的智力差别并不大，而这些差别往往是通过努力就能完全弥补甚至超越的。所以，在鼓励、赞扬孩子的时候，父母应该着重赞扬孩子的努力和勤奋，而非聪明。如果父母总是夸赞孩子聪明，那么很可能会让孩子认为自己身上最大的优点就是聪明，而聪明往往是不需要付出什么劳动就能获得的；但如果父母着重夸奖孩子努力、勤奋，那么孩子就会认为，努力和勤奋是值得人夸赞的，想要得到别人的肯定，自己就要更努力、更勤奋。

6.孩子不是拿来炫耀的"工具"

面对孩子的教育问题，许多父母总会把"不能让孩子输在起跑线上"这一论调挂在嘴边，时时刻刻担忧自己的孩子落于人后。在这样的情况之下，父母总是在不知不觉中就把孩子当成了一种攀比炫耀的"工具"。

这么说或许很多人都会不赞同，但回想一下，在我们周围，是不是常常会出现这样的现象：一群家长凑在一块儿聊天，这个说自己的孩子考试得了多少分，那个就要适时地补充一句自己的孩子得到了老师怎样的表扬；这个刚说给孩子报了个绘画班，那个就忙不迭地要给孩子报个书法班；这个刚说想考清华，那个就赶紧让孩子以复旦为目标……在不知不觉中，孩子已经成为父母面子的一种象征，孩子表现优秀，父母就觉得脸上有光；孩子如果落于人后，父母就觉得不愤，逼迫孩子去向别人看齐，甚至要超越对方。

的确，望子成龙归根结底是为了孩子好，希望孩子能拥有辉煌的将来，然而在"为孩子好"的背后，谁又敢果断地说这其中没有掺杂自己的虚荣心呢？每个人心中都存有好胜的天性，但即便有好胜的渴望，也没有谁会喜欢天天被拿去和别人作比较。孩子不是商品，不是市场里的大白菜，任由你挑三拣四，比来比去。如果父母总是罔顾孩子的意愿，强行把孩子看作炫耀的"工具"，那么长此以往，孩子必然会对父母心生不满，甚至滋生逆反情绪。

一家教育机构曾对此做过调查，并在调查过程中采访了一些孩子：

男孩 A："我最讨厌的事情，就是妈妈喜欢拿我和她同事家以及同学家的孩子比。有一次，她同事的儿子写的一篇作文刊登在当地的一本儿童刊物上，她回家就逼着我也要写作文去投稿，选不上还一直数落我，说我比不上人家。还有一次，她同学的儿子参加奥数竞赛得了第二名，而我只得了第十五名，她回家就开始指责我，说我白白当个数学课代表，什么都不好……有时候我真的觉得很生气，什么都是别人家的孩子好，那她干脆去认别人家的儿子当儿子好了！"

男孩 B："我爸以前是运动员，省篮球队的，后来因为比赛受伤退役了。我出生之后，他就把他未能实现的梦想寄托在了我的身上，从小就对我展开严格的训练，希望我能继承他的'衣钵'，天天可劲儿地折腾我，还总喜欢拿他以前那些队友的儿子来说事。但实际上，我一点也不喜欢打篮球，虽然我的身体素质还不错，但说实话，我并不认为我具备成为一名篮球运动员的天赋。这样成天被老爸鼓励、鞭挞，我真的觉得压力很大，也很痛苦。我已经偷偷退出了学校的篮球队，加入了计算机兴趣小组，到现在我也没敢跟我爸说。"

男孩 C："我妈对我的要求简直多得不行，恨不得我能学会其他人身上的所有优点，成为古今第一完人！今天跟我念叨隔壁的小强多勤劳，把自己的房间收拾得干干净净；明天跟我念叨对面的小王多聪明，会弹琴唱歌还能跳街舞；后天又跟我念叨楼下的小杜学习多好，考试总是年级第一。我就纳闷了，他怎么不念叨小强五音不全、小王成绩不好、小杜连自己的鞋带都不会系？有时候我真觉得自己肯定不是我妈亲生的，要不然怎么她一看我，看到的全是缺点；一看别人，满眼都是优点。"

从对这些孩子的采访就能看出，他们显然并不喜欢成为父母炫耀、攀比的"工具"。而最令他们感到愤愤不平的是，父母从来没有设身处地地站在他们的角度去考虑问题，从来没有试图走进他们的世界，了解他们的渴望和需求，只是一味按照自己的想法和意愿去做出安排。

孩子不是父母的附属品，父母也没有资格将孩子视作自己的所有物，而不考虑他们的思想和情感需求。每个孩子都是独一无二的，有自己独特的优势，也存在不少缺点和不足，如果父母总是无休止地把孩子拿去和别人作比较，试图从中找到成就感来满足自己的虚荣心，那么只会让孩子越来越厌烦，越来越痛苦。

所以，别再用"别人家的孩子"来打压男孩，也别再为了满足自己的虚荣心而把男孩当作炫耀的"工具"。孩子需要的是父母的理解和肯定，而不是无休止的比较和斥责。

☞ **细节 128：把横向比较变成纵向比较。**

每个男孩都是世界上独一无二的"珍品"，根本不具有可比性。因此，在教育男孩的时候，父母应该做的，不是总拿男孩去和其他孩子比较, 而是应该把横向比较转化为纵向比较, 让男孩以今天的自己和曾经的自己去作比较, 看看经过时间的沉淀, 在成长中的他究竟获得了多少进步。这样做不仅有利于帮助男孩树立自信, 同时也能促进男孩的成长, 让男孩更有动力去提升自我、改变自我。

☞ 细节 129: 学会欣赏男孩的与众不同。

正所谓 "天外有天, 人外有人", 如果总是心存比较, 那么人是永远都不会快乐的。每个男孩都有自己的优点, 父母与其总盯着男孩 "不如别人" 的短处, 倒不如学会发掘男孩的优点, 欣赏男孩的与众不同。这样, 你会发现, 你的男孩其实比你所认为的更加优秀。

☞ 细节 130: 尊重男孩的意愿和天性。

男孩不是父母的延续, 他们是独立的个体, 有权选择自己的人生以及自己想要成为的样子。因此, 父母教育男孩的时候, 应当最大限度地尊重男孩的意愿和天性, 不要因为他没有成为你心目中理想的样子就心存不满。

☞ 细节 131: 父母要保有一颗平常心。

想要成为称职的父母, 我们的首要任务就是坚决杜绝心中的 "攀比" 念头, 绝不用别人家的孩子来打压男孩、刺激男孩, 而是要保有一颗平常心, 以平和的心态去欣赏男孩、理解男孩。只有做到这一点, 才能成为真正称职的父母，也才有资格成为男孩成长路上的好伙伴。

7.男孩比你认识的更优秀

在谈及男孩的教育问题时，父母总会把"优秀"二字挂在嘴边，期望能教育出优秀的男孩。然而，究竟怎样才算是优秀呢？我们又该通过什么样的标准来衡量一个男孩是否优秀呢？

有关机构曾对此做过一项调查，结果显示，有六成以上的父母都认为，所谓优秀的男孩，必须具备的首要条件就是成绩优异，具有某方面的特长。确实，在我们周围，学习成绩的好坏已经成为衡量一个孩子是否优秀的主要评价标准了，很多家长在夸奖某个孩子的时候，常常提及的都是：成绩特别好、爱学习、会弹钢琴……

正是在这种观念的影响之下，给男孩报补习班、特长班、兴趣班几乎成为父母教育男孩的必备环节之一。然而，这些被父母遵循着社会主流观点一步步塑造起来的"优秀"男孩，真的就能成为人生赢家，收获幸福生活吗？

我们不妨来看这样一份资料，它记录了一个名为朱海洋的年轻人的生活履历：

朱海洋，浙江省宁波人，生于 1984 年。上海海洋大学经济贸易学院 2001 级国贸专业学生，品学兼优，英语尤为突出。

2002 年 6 月、12 月分别以 96 分、94 分的优异成绩通过了大学英语四、六级考试，在口语考试中获 B+；

2003 年 10 月托福考试 663 分 (满分 677 分);

2004 年 6 月 GRE 考试,数学部分满分 800 分,作文仅扣 1 分,总成绩为 1370+5;

2004 年 6 月参加全国大学生英语竞赛,力挫群雄,夺得一等奖。

此外,他每学期均获得奖学金,并曾获得 2003 年上海海洋大学"侯朝海奖学金",学习之余爱好广泛。

2008 年秋季留学美国,在弗吉尼亚理工大学攻读农业和应用经济学博士学位。

2009 年 1 月因求爱不成,于弗吉尼亚理工大学一咖啡厅内残忍杀害一女留学生同胞,震惊世界,引起社会关注与讨论。

单从社会的主流观点来看,朱海洋无疑是优秀的,他品学兼优,获奖无数,爱好广泛,简直可以说是众多父母心中理想男孩的"模板"。然而,也正是这样一个"优秀"的他,最终却犯下了令人发指的罪行,在伤害别人的同时也毁灭了自己。现在,父母们还能坚决果断地认可这种"优秀"的标准吗?

其实,一个男孩是否优秀,并不在于他学习成绩有多好,考了多高的分数,也不在于他掌握了多少技能,会多少才艺,而是在于他是否具有良好的人格和健康的身心。一个人如果连自己的人格都没有保证,连自己的身心健康都不能顾及,那么即便才高八斗,也是称不上"优秀"二字的。

优秀没有一个特定的模板,也不应拘泥于某种特定的方式。比如一个人没有傲人的文凭和光鲜亮丽的职业，但能兢兢业业地做好自己的工作，为人处世无愧于心，那么谁又能说他是不优秀的呢？而一个人哪怕身居高位，学富五车，但如果连起码的人伦道德都不能遵守，又怎能称之为优秀呢？

所以，即便你的男孩没有优异的学习成绩，没有可以在众人面前炫耀的特长，也并不意味着他就一无是处。作为父母，你应该做的不是嫌弃他、打击他，而是应该深入地了解他、观察他，寻找他身上潜藏的美好与潜能。很多时候，男孩其实比你所看到的、所以为的更优秀，关键在于你是否有耐心去发掘他的优秀。

每个男孩都可以成为优秀的人，这无关智商或天赋。作为父母，要培养真正优秀的男孩，最好的做法就是为他营造一个轻松愉快的成长环境，让他能够最大限度地发挥自己的潜力，按照自己的天性去成长，在磨砺中把自己雕琢成独一无二的美玉。

所以，父母切莫曲解了"优秀"的含义，如果总是一味逼迫男孩去做他不愿做的事情，单纯地以成绩好坏、分数高低来评判男孩的好坏，其结果很可能会适得其反。只有父母明确把握了"优秀"的含义，才能给予男孩最合适的教养，避免让男孩因过分的苛责而变得缺乏自信、胆小怯懦，从而培养出身心健康的优秀男孩。

☞ **细节 132：优秀没有"模板"，每个男孩都是与众不同的。**

在这个世界上，每个人都是独一无二的存在，都有自己的优点和长处。作为父母，你不能要求男孩非要长成什么样子，而是应该尊重他的与众不同，引导他充分发挥自己的优势，弥补自己的弱势，这样的成长才称得上是男孩真正的蜕变。

优秀不应该是某个特定的模板，优秀的人也都有各自不同的特点和优势，所以，男孩不需要去模仿任何人，也不需要非得变成什么样子。遵循本心，让自己拥有高尚的人格和健全的身心，这便是最好的成长与蜕变。

☞ **细节 133：才能与工作都没有高低贵贱之分。**

俗话说"三百六十行，行行出状元"，无论做什么样的工作，具备什么样的特长，只要能做好、做精，那么就都是值得称道的。不管是才能还是工作，都不应该有高低贵贱之分，因此，父母没有必要为了所谓的"面子"，就非得让男孩去学习什么或成就什么。重要的是，要懂得尊重男孩的意愿，从男孩的实际情况出发。相比于表面的光鲜靓丽来说，我们更应该选择真正适合自己，让自己感到舒适的东西。

Chapter 7

不包揽，会放手：把选择的权利还给孩子

　　成长对于男孩来说，就是一个从弱小逐渐走向强大，从依附逐渐走向独立的过程。作为父母，即便再舍不得，也必须学会在陪伴男孩成长的过程中逐步放手，把人生的选择权一点点交还到男孩手中，让他学会掌握自己的命运，为自己的未来拼搏。有时候，放手才是父母给予男孩最好的爱。唯有放手，才能让男孩拥有独立的机会，从而真正成长为能够展翅高飞、搏击长空的雄鹰！

1.教孩子自己动手，提高自理能力

　　同样都是男孩子，有的总是处处都依赖父母，没有父母在身边就什么事情都不会做；有的则事事都能做得得心应手，年纪小小就展现出一副"男子汉"的担当和气魄，哪怕父母不在身边，也能很好地照顾自己。

　　男孩截然不同的两种表现，反映出的正是不同家庭教育之间的对比。前者俨然温室里娇养的小花小草，已经习惯了父母在身边事事操劳包办；后者则是原野中生长的植物，强韧而自信，哪怕离了父母的庇

护，也能长成参天大树。

家是男孩来到这个世界之后的第一个"庇护所"，父母则是男孩的第一个"保护者"。但终有一天，男孩会长大，会走出这个"庇护所"，离开他的"保护者"，去创造属于自己的人生。如果在成长的过程中，男孩始终学不会独立，事事都指望父母来帮他处理，那么等到离开父母的时候，他又将如何去面对生活的风雨呢？

刘毅今年 11 岁，是个聪明活泼的男孩，但就是有点懒，什么事情都光会说却不去做。

比如有一次，因为课程需要，老师建议大家自己在家尝试制作"棱镜片"，然后带着去上课。因为老师的这一要求并不是强制的，大家可以选择做或者不做，所以比较懒的刘毅自然一直都没动手。直到看到不少同学都制作了"棱镜片"，而且还特别有意思，光线一通过就会变得五颜六色，非常好看，于是刘毅就也有了制作"棱镜片"的想法。

回家之后，刘毅把需要的东西都写在了一张纸上，直接丢给了爸爸，让爸爸帮他买需要的材料。买回家之后，刘毅又自觉担任了"指挥"的任务，在旁边叽叽喳喳地指挥爸爸完成了"棱镜片"的制作。

还有一次，刘毅买了不少新书，打算把自己房间的书架收拾一下，把原先摆放模型的地方挪出来放书。他规划了半天，把自己的想法告诉了妈妈，然后顺手把书往房间角落的位置一放，就再也没管过了。直到几天以后，妈妈打扫房间，这才发现刘毅的书都已经堆在角落好几天了，无奈之下只能动手帮刘毅把书架整理好。

经过几次类似的事件之后，妈妈发现刘毅这毛病不改不行，于是决定找机会好好整治他一番。

正巧几天后，刘毅放学回来就告诉妈妈，因为第二天要考试，所以让妈妈早上6点叫他起床，他好再看一会儿书，妈妈一口答应了。第二天一早，6点的闹钟刚响，妈妈就冲进房间叫刘毅起床，刘毅迷迷糊糊地嘟囔着："再睡会儿，我书都看完了……半小时以后再起……"

这一次，妈妈可没让步，二话不说就把刘毅的被子掀开了，严肃地对他说："昨天说好了6点要起床的，你就必须起来。"

刘毅委屈地看着妈妈，嘀嘀咕咕地抱怨着："你非叫我起来，一会儿考试我打瞌睡都是你的错……"

妈妈瞥了刘毅一眼，依旧坚决地把他拎下了床，推去卫生间洗漱。洗漱完毕之后，妈妈把气呼呼的刘毅叫到客厅，严肃地对他说："小毅，妈妈早就发现了，你这孩子有个毛病，就是光有计划和想法，却永远不会付诸实践！你这个毛病不改不行，现在你能让爸爸妈妈来迁就你，可以后你在外头，凭什么让别人迁就你啊？以后在家里我们得立个规矩，说了的事就得马上执行。你昨天说了让妈妈今早6点叫你起床，妈妈已经做到了。以后你也得做到，不管有什么想法和计划，说了就一定要执行，这样才是一言九鼎的男子汉！小毅，你能做到吗?"

听完妈妈的话，刘毅自己也有些不好意思，红着脸点了点头："我知道了妈妈，我以后一定会做到的！"

对于男孩提出的许多"不过分"的要求，父母通常都是不会拒绝的，毕竟是自己的儿子，自然希望能尽一切力量去满足他的愿望和需求。但实际上，父母的这种宠溺和纵容，却正是男孩身上许多坏毛病形成的"摇篮"。就像刘毅，想法总是很多，但真正需要动手的事情，却总会习惯性地丢给父母去完成，不管是制作"棱镜片"，还是收拾书架，都是如此。而他之所以会养成这种不良的习惯，归根结底还是因为父母一次又一次的纵容。

要知道，许多行为习惯实际上都是在生活中逐渐形成的，那些看似微不足道的小事，看似不重要的纵容，却往往可能影响到男孩未来性格的形成与塑造。所以，父母不能因为心疼男孩，就总也舍不得让他做事，借用陶行知先生的一句话来说，就是："滴自己的血，流自己的汗，自己的事情自己干；靠天靠地靠老子，不算是好汉。"

想要养出"好汉"，父母就不能事事包办，必须从日常生活中的事情入手，让男孩学会做一些力所能及的事情，培养他的动手能力，从而提高生活自理能力。让男孩学会照顾自己，即便离开父母的庇护，也能很好地生活。

☞ **细节 134：鼓励男孩多动手，培养自己动手的兴趣。**

通常来说，男孩的好奇心都是非常旺盛的，尤其对于自己不熟悉的事物，往往都会有一种探索的渴望。为了培养男孩动手的兴趣，父母可以利用这一点，通过教导他使用一些家用电器来激起他的好奇心，进而引发他自己动手的兴趣。当家里的一些小东西出现问题时，父母还可以邀请男孩一同帮忙修理，鼓励男孩大胆尝试，从而潜移默化地培养男孩的劳动意识。

☞ **细节 135：循序渐进，让男孩逐渐养成自己动手的习惯。**

在帮助男孩培养动手习惯的时候，父母可以循序渐进地提出要求，先让男孩做一些简单轻松的事情，然后再一步步加大难度，引导男孩接触更为复杂的家务，从而培养男孩的自理能力，让他在不知不觉中养成自己动手的习惯。

☞ **细节 136：耐心教导，让男孩掌握基本生活技能。**

日常生活中，有一些工具是我们常常需要用到的，比如锤子、螺丝刀、钳子等，为了提高男孩的生活自理能力，父母应当教会男孩认识并正确使用这些工具，并鼓励男孩在父母的监督下进行实际操作。这对于男孩日后的生活来说，是非常实用的技能之一。

☞ 细节 137：持之以恒，反复训练，提高男孩的自理能力。

任何事情都是熟能生巧的，做得越多自然也就能做得越好。所以，为了让男孩持之以恒地坚持劳动，父母不妨适时地给予他一些奖赏和鼓励，以此来维持男孩对劳动的热情。而且，从小培养男孩的动手能力，让他学会照顾自己，也能让男孩逐渐降低对父母的依赖，从而更好地实现独立，迅速成长。

2.掀起"大脑风暴"，让男孩学会独立思考

在现代教育观念的影响下，越来越多的父母已经认识到了培养男孩独立精神的重要性。而要培养独立性，首先就要培养男孩独立思考的能力，只有先学会独立思考，男孩才能在没有父母扶持影响的情况下自主做出选择和判断。

然而在现实生活中，依旧有很多男孩不管在学习还是生活上遇到困难，第一反应就是伸手找父母寻求帮助，让父母出面去替他们解决问题。要知道，父母如果总是站在男孩身后，替他收拾所有残局，解决所有问题，那么男孩是永远都无法改掉依赖的习惯，自己获得成长的，这对男孩的未来没有半点好处。

小兵是个非常调皮的男孩，活泼又好动，想要让他静静地坐上几分钟，简直就难如登天。开始上学之后，小兵因为实在太好动，又总是静不下心来，所以常常都无法完成老师布置的作业，无奈之

下，父母只得每天轮流监督小兵完成作业。

因为父母陪伴在旁，所以小兵在做作业的时候，一遇到不懂的问题，就张嘴询问，父母也都会一一作答，有时遇到拿不准的，还会帮他上网查询。久而久之，小兵养成了不爱动脑筋的习惯，一做作业就张口问父母答案，学过的知识也常常不用心记，因此学习成绩始终都提不上去。

而且，因为有父母这个"智囊"在旁边，小兵做作业也都不怎么用心，常常边做边玩。在小兵看来，反正每次做完作业，父母都会负责帮他检查，遇到错误也会指出来教他如何改正。

最让人恼火的是，小兵还常常屡教不改，每次给他纠正一个错误，到下一次遇到类似的题目，他还是会犯同样的错误，因为这事，爸爸妈妈没少教训小兵。可以说，为了小兵的学业，父母都操碎了心，可尽管如此，却依旧没能改变小兵倒数的成绩排名。

有时候，小兵的父母也觉得很绝望，他们甚至一度怀疑儿子的智商是不是有什么问题……

小兵的情况在现实生活中其实并不少见，从表面上看，父母为了小兵的学业的确是操碎了心，付出不少精力和时间，但事实上，也正是因为父母付出得太多，所以才让小兵养成了事事依赖父母的习惯，从而放弃了独立思考的机会。在父母的监督下，小兵确实每天都坐在那里完成了作业，但是，在完成作业的时候，小兵一遇到问题基本上都是不经思考，张口就问，而父母也都会尽职尽责地帮他找出答案。也就是说，小兵的作业实际上有很大一部分都可以看作是父母帮他完成的，而他自己只负责写上答案，却可能根本没往脑子里去。在这样的学习态度之下，又怎么指望他的成绩能有所提高呢？

严格来说，小兵的行为实际上就是一种懒惰行为，因为能够轻易得到父母的帮助，所以自己就不愿意付出任何一点辛劳。而结果必然就是他对父母越来越依赖，只要父母还在他身边，能帮他解决问题，他的独立思考能力就很难得到提高。

独立思考的能力对于男孩的成长来说是非常重要的，他直接决定了男孩智商的高低，影响着男孩未来的发展。男孩只有从小就学会独立思考，才能更具创造力，也才能在日后更好地完成由依赖向独立的过渡。

可见，想要培养优秀的男孩，父母就必须让男孩明白，在成长的过程中，学会思考比获得知识更加重要，只有学会独立思考，男孩才能真正踏出独立的一步，为日后的成功奠定良好的基础。

☞ **细节 138：让男孩尝到独立思考的"甜头"。**

要引导一个人心甘情愿地去做一件事情，就必须让这个人明白，做这件事情能够获得什么好处。教育男孩也是一样，想要培养男孩独立思考的习惯，就要想办法让男孩尝到独立思考的"甜头"，让他体会到独立思考的好处，这样，即便没有苦口婆心的劝说，男孩自然也会甘之如饴地去思考。

比如当男孩遇到不懂的问题来询问父母的时候，父母可以假装自己也不懂，并用请教和鼓励的语气，让男孩自己想办法弄懂，并虚心地让男孩找到答案之后再来教自己。这样，男孩能够通过独立思考解决这个问题，并且还能就此在父母面前充当一次"老师"，这种成就感的体验是任何物质奖励都比不了的。当男孩尝到这种甜头之后，父母再加以引导，便能让他进入良性循环。

☞ **细节 139：与其直接给出答案，不如引导男孩学会思考。**

有的男孩天生就比较被动，不太喜欢主动去思考问题。面对这样的男孩，当他产生疑问的时候，父母千万不要忙着教会他如何解决问题，而是可以采用引导的方式，比如提出一些启发性的问题，来循循善诱地让他顺着正确的思路去思索，从中发现问题、解决问题。通过这样的训练，久而久之，男孩的思维能力必然能得到显著的提升。

☞ **细节 140：给男孩发表自己意见的机会。**

当男孩对某件事情有想法或意见的时候，即便他的想法或意见未必能起到作用，父母也应该给予他足够的尊重，让他能够有机会说出内心的话，发表内心的意见。只要能有"说"的机会，对男孩来说，就是父母表达的一种尊重和肯定，男孩也会因此而增强自己的信心，养成勤于思考的好习惯，这对男孩独立思考能力的培养和思维能力的锻炼都是大有好处的。

☞ **细节 141：培养男孩的发散性思维。**

为了提升男孩独立思考的能力，在生活中，父母应该时时注意帮助男孩培养发散性的思维，鼓励男孩对在生活中遇到的事情提出自己的见解和想法，并学会从多个角度去思考问题。在这个过程中，父母切记不要急于求成，而是应该根据男孩自身的条件和实际情况，让男孩从简单的问题着手去思索、去解决。

3.独立尝试，孩子不可缺少的体验

躲在父母羽翼下的小鸟，永远也学不会怎样为自己觅食；藏在父母呵护中的雏鹰，永远也无法拥有搏击长空的力量。父母是男孩的庇佑，却也可能成为男孩的束缚。如果男孩走不出父母的怀抱，不曾获得过独立尝试的机会和体验，那么男孩永远也无法真正长大，即便年龄在增长，独立生活的能力和对社会的适应力也始终只能停滞不前。

在教育男孩的时候，最忌讳的事情就是不舍得放手，什么事都帮男孩大包大揽，让男孩躲在安全的温室中。这样的爱就如同阻止男孩成长的毒药一般，终有一天会把男孩推入万劫不复的深渊。真正懂得教育的父母，比起无微不至的关爱与呵护，更愿意给予男孩独立尝试的机会和独立成长的空间。因为他们知道，父母不可能一辈子跟随在男孩身边，终有一天，男孩要独自去闯荡，开拓属于自己的未来，而作为父母，能够给予他最好的礼物，就是在陪伴他成长的道路上，尽其所能地教会他成长，让他变得坚强而勇敢。

一天夜里，家里突然停电，爸爸翻出抽屉里的蜡烛点上。看着跳动的烛火，4岁的儿子晓峰觉得非常漂亮，好奇地伸出了手，想去摸摸黑暗中跳动的火焰。就在晓峰即将触碰到烛火的时候，妈妈赶紧一把抓住了他的手，紧张地说道："别摸，会被烫伤的，会很疼！"

见妈妈阻止了自己的举动，晓峰突然瘪着嘴，不乐意地哭嚷起来，非得去摸摸那跳动的火焰。妈妈担心儿子被灼伤，怎么也不同意。

晓峰从小就是好奇宝宝，偏偏又非常固执，很多事情都是不撞南墙不回头的。爸爸很清楚儿子的个性，于是就对妈妈说："算了，他要摸就让他摸摸，不然啊，他永远都不知道疼，疼一次以后，看他还敢不敢玩火。"

妈妈不赞同地看着爸爸，担忧地说道："万一儿子受伤了呢？那可不成，我得心疼死。"

爸爸笑了笑："你当咱儿子是傻的啊，这一碰到疼了他自己的手不就缩回来了吗？再说，我们都在旁边看着，不会出事，总比以后我们不在家的时候他自己玩火要安全吧！"

妈妈想了想，觉得爸爸说的也有道理，只得不情愿地放开了儿子的手。晓峰笑嘻嘻地伸出手就去摸烛火，还没等碰到火苗呢，就感觉到一阵灼热的疼，晓峰赶紧缩回了手，果然再也不提玩火的事情了。

　　后来，在晓峰长大了一些之后，爸爸妈妈带他去野外郊游，晓峰看着飞舞在花丛里的小蜜蜂，好奇地凑了过去，想要伸手去捉。妈妈吓了一跳，赶紧跑去阻止，但晓峰这"活祖宗"又怎么会因为妈妈的劝阻就收起自己的好奇心呢。果然，趁着妈妈一不留神，晓峰一伸手就朝着停在花朵上的一只小蜜蜂抓了过去。

　　手指钻心的疼立马就让晓峰遭到了"报应"，看着儿子红肿的手指和哭得眼泪汪汪的样子，爸爸又心疼又无奈地说道："这回受到教训了吧！"随后，爸爸一边帮晓峰处理被蜜蜂蜇到的手指，一边给他讲述了蜜蜂的各种习性，当晓峰听说蜜蜂在蜇完自己之后就会死去时，终于停止了哭声，万分懊悔地对爸爸说道："我知道错了爸爸，以后我再也不会这样子了。"

　　好奇是男孩的天性，相比父母苦口婆心的劝告，男孩往往更愿意相信自己的亲身体验和经历。虽然有的时候，男孩的好奇和尝试可能会引起一些麻烦，但从长远来看，这种好奇和敢于尝试的勇气也正是推动男孩进步和成长的重要力量。

　　所以，在相对安全的范围内，父母应该给予男孩独立尝试的机会，不要总想着把所有事情都大包大揽。在放任男孩按照自己的意愿行事之前，父母可以给他一些建议，与他分享自己曾经的经验，但不要阻拦他的决定。很多事情，只有亲自去体验过、尝试过，男孩才能真正明白生活的真谛。

独立尝试是男孩成长道路上不可缺少的重要体验，如果父母认识不到这一点，总是自作主张地代替男孩去处理事情，那么不仅无法给男孩带来幸福，反而可能拖慢男孩成长的步伐，让他失去蜕变和历练的机会。所以，学会放手吧，让男孩用自己的双腿去行走，用自己的双手去生活。

☞ **细节 142：别怕"跌倒"，放手让男孩学会自己走。**

想要学会走路，就不能害怕跌倒。在成长这条道路上同样如此，父母希望男孩学会独立，学会坚强，那就不能因为心疼他会"跌倒"而越俎代庖地代替他去处理事情。"跌倒"固然疼痛，但在体验这种疼痛的过程中，男孩所获得的经验和磨砺却是无可取代的。因此，父母千万不要以爱的名义剥夺了男孩体验"跌倒"的机会。

☞ **细节 143：鼓励男孩大胆尝试，探索未知。**

有时候，在遇到事情时，男孩可能会因为惧怕失败而犹豫不决，在这种时候，父母应该鼓励男孩大胆地去尝试，按照自己的想法去作出选择，哪怕失败，也将成为成长道路上的宝贵收获。唯有如此，才能让男孩在以后的生活中再遇到相同的事情时拥有敢于尝试和挑战的勇气。

☞ **细节 144：让男孩自己作决定。**

独立性差的男孩在做事的时候很容易瞻前顾后、犹豫不决。在这种时候，父母一定不能沉不住气站出来指挥男孩。即便想要帮助男孩，也只能给予他一些建议和客观的利弊分析，至于最终的决定，一定要交给男孩自己去做。这是男孩迈向独立的一个关键点，只有突破这个"门槛"，男孩才能真正变成一个独立的人，能够脱离对父母和家庭的依赖。

☞ **细节 145：给男孩创造独自做事的机会。**

在生活中，父母不妨创造一些机会，让男孩能够尝试着独立去完成一件事情。比如让男孩独立收拾房间或者安排菜谱等，这些事看似微不足道，但却能潜移默化地培养男孩独立自主的意识。

4.独立是"翼"，责任为"根"，让男孩学会承担

据说美国著名的西点军校有一个传统，那就是无论在什么情况下，当军官或学长向你问话的时候，新生都只能有以下四种回答：

"报告长官，是。"

"报告长官，不是。"

"报告长官，没有任何借口。"

"报告长官，我不知道。"

此外，不能再多说一个字。

在许多人看来，这样的传统未免有些严苛，但恰恰是这样的严苛，为西点军校造就了许多杰出的将领和各个领域的尖端人才。而缔造出这一"辉煌"的，显然正是西点军校所推崇的宗旨——"没有任何借口"。

在男孩的成长历程中，如果说独立是帮助他飞翔的"翼"，那么责

任便是帮助他立足的"根"。学会独立，男孩才能真正脱离父母与家庭的庇护，踏上开创自己未来的征程；而学会承担责任，男孩才有资格真正立足于世间，昂首挺胸，为自己扎下稳定的根。

因此，除了培养男孩独立自主的能力之外，父母也要重视对男孩责任感的培养，让男孩充分明白，人生在世，必须要能为自己的所作所为担负起相应的责任。否则，一个缺乏责任心的人，无论走到哪里，都是难以立足的。

彬彬是家里的"小霸王"，享尽爷爷奶奶、外公外婆的宠爱，有时候哪怕做错事情，被爸爸妈妈责骂，家里的四位老人都会相继出来劝阻。在这四座坚实"靠山"的撑腰下，彬彬在家里可谓横行无忌，就差上房揭瓦了。

今年，彬彬正式成为一名小学生，开始上一年级。每天，爷爷奶奶都会帮他收拾好书包，准备好作业本，削好铅笔，外公外婆则负责按时接送他上学、放学。

在班级里，彬彬依旧不改霸道的脾气，因此一直都没交到什么要好的朋友。至于班级里的事务，彬彬更是抱着"事不关己"的态度，就连轮到小组值日的时候，彬彬也从来不会动手。

一次，有同学实在看不下去，便指责彬彬说："我们是一个小组的，大家都在打扫卫生，为什么只有你什么都不做，你这样太没有责任心了！"

　　结果，彬彬非但没有反省，反而还理直气壮地呛声道："我来学校是来上学的，又不是来打扫卫生的。你们爱扫你们自己扫，关我什么事！来上学又不是没给钱。"

　　因为这种种的表现，班上的同学和老师都不喜欢彬彬。而且虽然嘴上嚷嚷着自己是来"学习"的，可彬彬的成绩却一直排在倒数，始终没有什么提高。

　　班主任和彬彬的父母谈过很多次，对于儿子的情况，爸爸妈妈感到非常担忧也非常困扰，但也实在不知道究竟应该怎么做，才能彻底改掉彬彬的这些坏习惯。

　　彬彬之所以变成这个样子，归根结底，还是在于家庭教育出现了问题。在家里，爷爷奶奶、外公外婆四个老人围着彬彬转，恨不得把他伺候得像皇帝一样。可以说，彬彬几乎不需要付出什么、费什么心思，就能得到舒适的生活和无休止的宠爱。在这样的情况下，彬彬难免会逐渐丧失独立生存的能力，同时也很难培养起责任心，毕竟在家里，他不需要承担任何责任或付出任何努力就可以得到想要的一切。

　　在我们周围，像彬彬这样的孩子不在少数，他们习惯了被宠爱、被纵容，想到什么就做什么，丝毫不会考虑后果，也根本没有承担责任的意识。这样的人将来如果步入社会，是根本不可能有任何立足之地的。

　　有的父母可能觉得，毕竟孩子年纪还小，不懂事，等以后长大了自然就能明白道理，自然会纠正自己的言行。殊不知，儿童阶段实际上正是责任心形成和性格塑造的关键时期，而作为孩子的第一任导师，孩在成长中出现问题，父母有着不可推卸的责任。所以，不要因为所谓的"年纪小""不懂事"，父母就放纵孩子，而是应该从小开始培养孩子的责任意识。

☞ 细节 146：艰苦教育，让男孩学会感恩。

很多缺乏责任心的男孩都有一个共同特点：不懂感恩。在他们看来，自己所得的一切都是理所当然的，不需要自己付出任何努力及代价，因此他们从未想过付出，更未想过扛起属于自己的责任。

对于这样的男孩，父母必须要能狠下心，让他体验体验什么叫艰苦，这样才能让他明白，他所能享受到的一切，并不是天生就注定的，他应当抱着一颗感恩的心去回馈，而不是把一切都看得理所应当。

☞ 细节 147：合理引导，培养男孩的责任意识。

许多男孩之所以缺乏责任心，主要还是因为他们对"责任"没有充分的认识。因此，作为父母，应该把男孩需要承担的责任告诉他，并让男孩明白，自己为什么需要承担这些责任，以及通过做这些事情，自己能够得到什么。同时，父母还要不断地强化男孩的责任意识，引导他去完成自己应该承担的事情。

☞ **细节 148：思想教育，帮助男孩树立责任感。**

要帮助男孩树立责任感，父母就要从男孩的思想认知下手，向男孩灌输责任意识。这不仅能够帮助男孩培养责任感，同时还能增强男孩的独立自主意识，让男孩充分认识到自己的主体地位。对于男孩负责任的行为，父母也要适时给予赞扬和鼓励。

☞ **细节 149：从细节入手，教会男孩为自己的行为负责。**

在日常生活中，父母可以适当地给男孩下达一些任务，以此来为男孩创造履行责任的机会。比如父母可以把整理房间的任务交给男孩，让这项任务成为他需要承担的一种责任，以此来测试男孩是否能够承担起这项责任，坚持不懈地完成所有的工作。在这个过程中，男孩的责任感和责任意识也能得到相应的锻炼和提升。

5.自我管理，从合理分配时间开始

拖拉、磨蹭、浪费时间等不良的行为习惯是一个世界性的儿童问题。在生活中，不少孩子，甚至包括不少成年人，都有缺乏时间观念的问题存在，常常因为不懂得合理安排时间而把自己弄得手忙脚乱。

要做好自我管理，合理分配时间是关键。有的父母可能会觉得，男孩年纪还小，没必要早早就开始学习这些，等他以后长大懂事了，这些事情自然也就会了。其实不然，事实上时间观念的培养是一个非常复杂且漫长的过程，它不仅仅包括对时间的认知，更重要的其实在于培养孩子对时间的把握和感觉。一个具有良好时间观念的男孩，在做事情的时候通常都能做到井井有条、主次分明，并懂得如何最合理地运用时间。而这种能力并不是与生俱来的，它与父母的引导和教育息息相关。

时间就是生命，谁能把握时间，谁就把握住了生命。所以，如果希望男孩成为时间的主人，做好自我管理，那么父母就要从小培养他的时间管理能力，教会他如何合理地分配时间，这项能力将会使他受益终身。

最近一段时间，孙鹏每天都挂着两个黑眼圈，上课也毫无精神，有时听着听着课就趴到桌子上睡着了。

老师觉得很奇怪，便在课后把孙鹏叫到了办公室，问他说："孙鹏，怎么回事？这几天没睡好吗？怎么老是打瞌睡？"

孙鹏无精打采地点了点头，回答道："可能是晚上睡得太晚了，所以总感觉睡不够。"

老师疑惑地问道："那你为什么睡那么晚？最近宣扬要'减负'，作业可比从前少多了，你晚上都在干什么呢？"

在老师的追问下，孙鹏扭扭捏捏地说出了实话。原来每天5点半放学之后，孙鹏都会去学校外头的租书社，挑几本自己喜欢的漫画，然后才慢悠悠地走去公交站台等车。

按照孙鹏家到学校的距离，如果骑自行车，孙鹏每天只需要花费15分钟就能到家了，但他嫌骑车累，所以一直都是坐公交车回家的。公交车正常行驶大概需要10分钟左右，但放学时间也是下班高峰期，经常会发生堵车的情况，一堵车差不多又得多花十几分钟。而且，公交车站离孙鹏家还有一段距离，他下车之后还得再走十几分钟才能到家。

回到家以后，孙鹏通常会先"放松"半小时，翻翻租来的漫画，然后差不多就该吃饭了，吃完饭之后还会蹭到爸爸身边，和他一起看会儿新闻。等到他终于准备做作业时，基本已经是晚上8点多了。

原本老师一直向同学们强调，让他们在做作业之前先把白天讲课的内容回顾一遍，尤其是新学的公式、定理，复习一遍之后再开始做题会更有帮助。但孙鹏为了"节约"时间，往往会跳过这一环节，直接开始做作业。结果，在做作业的途中，因为对公式、定理不熟悉，于是经常会不可避免地出现卡壳现象，孙鹏又得去翻书……就这样，左拖右拖，翻来翻去，时间都被浪费掉了。因此，每天不到12点，孙鹏基本上都没有上床睡觉的可能。

孙鹏每天需要做的事情其实并不多，而且他也有绝对充裕的时间，但正因为不懂得合理分配时间，使得时间都浪费在了那些毫无意义的事情上，所以孙鹏才每天都把自己弄得手忙脚乱、筋疲力尽。可见，培养男孩管理时间的能力是多么重要啊！

通常来说，从幼儿阶段开始，父母就可以着手培养男孩的时间观念了。在这一时期，男孩虽然还没有明确的时间观念，但却已经开始形成一些固定的行为习惯，因此，父母可以通过一些技巧来帮助男孩养成珍惜时间的好习惯。比如当男孩做事拖拉磨蹭的时候，父母可以通过引导的方式告诉男孩，只要能迅速做完这件事，便能拥有更长的游戏时间；或者直接规定做事的时限，让男孩在这一时间范围内完成，比如规定男孩必须在家长数 10 个数的时间内穿好鞋等。

男孩越小，培养习惯也就越容易，所以，父母应该把握机会，从小培养男孩珍惜时间、善用时间的好习惯。

☞ 细节 150：集中精力，才能提高效率。

很多男孩做事之所以拖拖拉拉，效率上不去，归根结底是因为他们在做事的时候不够专心，总是三心二意，甚至边玩边做。这种行为是极其愚蠢的，不仅大大降低了做事的效率和质量，还在无形中浪费了大量的时间，使得做事也做不好，玩也玩得不畅快。因此，父母一定要监督男孩养成做事专心的好习惯，让男孩学会把做事和玩乐分开，不可一心二用。

☞ 细节 151：让男孩品尝耽误时间的苦果。

男孩不懂得珍惜时间，是因为他们并不清楚浪费时间对他们会有什么影响。父母不妨试着让男孩自己去承担某些耽误时间后造成的苦果，让男孩在切身体会中吸取教训，学会珍惜时间。

☞ 细节 152：利用计时器，改掉拖拉坏习惯。

要改变男孩做事拖拉磨蹭的坏习惯，计时器绝对是个好帮手。在做事情的时候，父母可以根据所需要做的事情的难易程度来给男孩规定时间，然后利用计时器来监控男孩的完成进度。这样做一方面能够帮助男孩树立时间观念，另一方面也能合理安排时间，提高男孩的做事效率。

☞ 细节 153：制订一个时间安排表。

为了更直观也更方便地管理时间，父母可以根据实际情况，和男孩一同商议，制订一个详细的日常生活时间安排表，然后按照安排表的计划来完成每天需要做的事情。通过这样的方法，不仅可以让男孩直观地看到自己每天在时间分配上的缺点和不足，还能帮助男孩提高做事效率。

6.选择与放弃，男孩成长的必修课

人这一生，每天都在经历着各种各样的选择和放弃。早餐吃油条还是稀饭，出门坐公交车还是地铁，上班先处理文件还是见客户，今天看电视还是读书……正是不停的选择和放弃，推动着我们迈出人生道路上的每一步，并最终将这些选择拼凑成了我们的整个生活。选择与放弃总是如影随形，选择一个，便意味着要放弃一个，而很多时候，做出怎样的选择，往往可能影响到我们接下来的生活、机遇乃至整个人生。

在男孩的成长道路上，选择与放弃是一门躲不过的必修课，父母必须从小就培养男孩做出取舍的能力，让男孩能够在人生的道路上为自己做出最恰当也最不会后悔的抉择。鱼与熊掌不可兼得，明白了这一点，对男孩以后的生活和工作都是大有帮助的。

最近一段时间，罗勤一直感到非常苦恼。随着学习任务的加重，他不得不考虑压缩自己课外活动的时间，这就意味着他必须在足球队和街舞社之间进行抉择。

实际上，这个问题已经困扰罗勤很长时间了。初三刚开学的时候，他就已经有了放弃一项课余活动，以便将更多的时间投入到学习上的想法，争取在中考之前进行一场最后的冲刺。但是，就因为始终作不了决定，所以一拖就是好几个月，直到上次月考成绩出来，罗勤在年级上的排名居然退步了十几名，这才再次引起他的重视，决定这回怎么都得作出决定。

从小到大，罗勤的妈妈就一直致力于把他培养成一个全面发展的人才，而罗勤本人也非常聪明，学什么都学得非常快。现在他不仅是学校足球队的队长，同时还是学校街舞社团的社长，在以前，这样的殊荣一直让罗勤感到十分骄傲，但是现在，这样的殊荣却也让他陷入了两难的境地。他喜欢踢足球，也喜欢跳街舞，非得放弃一个，实在有些强人所难。

纠结许久之后，罗勤找到妈妈求助，希望妈妈能替他作出决定。在对待儿子的问题时，罗勤妈妈一直都奉行民主政策，从来都不会私自替儿子作决定。更何况，在罗勤妈妈看来，这正好是一个机会。儿子哪方面都很好，但就是有时候特别贪心，什么都想要，所以每每需要作决定的时候，反而容易瞻前顾后、左右摇摆。

妈妈对罗勤说道："儿子，你知道吗，如果你是一名医生，正考虑要对病人用什么药的话，你的病人已经去世了，他等不了这么久的。生活中每一件事情都需要经过选择，你不可能什么都紧紧抓在手里。你选择一个，就意味着必须放弃另一个，有舍才有得，如果你一直这么优柔寡断，学不会放弃，那么你以后的人生只会越来越辛苦，越来越纠结。"

罗勤苦恼地看着妈妈说道："道理我都明白，可是妈妈，不管是足球还是街舞，我都非常喜欢，不管放弃哪一个，我都觉得很舍不得，所以我一直在犹豫，一直在纠结。"

妈妈笑着说道："既然足球和街舞你都非常喜欢，那就说明，这两项都是你的心头好，都能让你感到开心不是吗？既然如此，你还纠结什么呢？不管选择哪一个，你都不会选错，还有什么好怕的？"

妈妈的话让罗勤豁然开朗，他思索了许久之后，如释重负地笑着说道："我有主意了，我决定抛硬币来决定。既然都是我喜欢的，那么不管选择哪一个，都不会错！"

有时候，我们无法作出选择，只是因为无法摆正心态，用淡然的眼光去看待选择和放弃。就像罗勤这样，他的纠结与痛苦实际上都来自他的内心，他的着眼点一直放在"放弃"上，为即将到来的失去而痛苦不堪，却不曾想过，伴随着"放弃"的还有"得到"，只要稍稍换个角度，把目光转向"得到"，就会发现，作决定其实并不总是那么痛苦。

生活总是伴随着各种各样的选择和放弃，在家庭教育中，为了让男孩在未来能够尽可能为自己多作正确而有意义的选择，父母应该多给予男孩一些帮助，培养他们掌握判断、选择以及取舍的能力。

☞ 细节 154：培养男孩果敢的决策能力。

有人说过这样一句话："果敢的决策能力是成功的先决条件。"确实，很多时候，机遇往往只在一瞬间，是否能够抓住，就看你够不够果断、快速。面对选择的时候，如果总是思前想后、迟疑不定，那么很可能会白白浪费掉许多机会。因此，在培养男孩的过程中，父母应该有意识地培养男孩果敢的精神，让男孩克服优柔寡断的毛病。

☞ 细节 155：教会男孩分析利弊。

很多时候，不同的选择对于男孩的人生来说是有不同的利弊的，在作出最终选择之前，男孩要学会理智地对这些选择进行比较，通过分析利弊来找出自己最想要同时也对自己最有利的选择。千万不可盲目任性，仅凭一时之气就拿自己的前途开玩笑。

☞ **细节 156：用积极的眼光看待割舍和放弃。**

选择就意味着放弃，但相应的，放弃也意味着得到。割舍和放弃都不是令人愉悦的事情，但反过来看，割舍和放弃一些东西，实际上也意味着我们将会得到另外的一些东西，更重要的是，这是我们自己的选择，是我们更加渴望，也认为更正确的道路。所以，在割舍和放弃的时候，不妨学着转换视角，用积极的眼光来看待这一切。

☞ **细节 157：为男孩创造"选择"的历练机会。**

在生活中，父母不妨多给男孩一些选择的机会，让他习惯选择与放弃之间的博弈。比如在就餐的时候，可以让男孩来决定是吃披萨还是吃汉堡；在穿衣服的时候，可以让男孩来决定是穿外套还是卫衣……通过这些生活中的小事情，来让男孩习惯作出选择，学会放弃。

7.学会放手，不做"三陪"父母

陪吃饭、陪睡觉、陪做作业——在我们周围，这样的"三陪"父母比比皆是，他们无微不至地照顾着家里的男孩，体贴入微地帮他们包揽一切事务，不舍得让他们在生活中有些许操劳，不忍心让他们为琐事烦恼。

对于"三陪"父母来说，对男孩的要求只有一个，那就是好好学习，考试取得好成绩。于是，在这样的教育之下，许多"高分低能"的男孩诞生了，他们或许在学习上无往不利，却可能连自己的鞋带都不会系；他们能把各种复杂的公式倒背如流，却在离了父母的羽翼后连照顾自己都做不到。这样的男孩，真的是父母们心中理想的样子吗？

父母的关爱与陪伴是男孩成长道路上最温暖的记忆，但父母也应该明白，男孩终有长大成人、自由翱翔的一天，他们真正需要的，是能够帮助他们变得更优秀、更强大的领路人，是能让他们学会独立，能够在磨砺中成长蜕变的机会。

球球今年已经 3 岁了，总想着能自己做一些事情。他尝试着拿起自己的小水杯，摇摇晃晃地走向饮水机，想自己接一杯水。可是，人还没走到饮水机那儿，手里的水杯就被妈妈一把抢走了。妈妈给球球接了水，顺便一抄手把他抱回到了沙发上，装着半杯水的水杯也顺势塞到他怀里。

等到吃饭的时候，球球开心地拿起自己的小勺，他已经长大了，想要自己用勺吃饭。可是，奶奶怕他弄脏衣服，又像往常一样，搬个小凳子坐到了球球身边，一口一口地喂球球吃饭。虽然不开心，但球球最后还是顺从地张开了嘴巴，百无聊赖地任由奶奶照顾自己。

嘟嘟是球球的邻居，他们上同一所幼儿园。虽然同样是 3 岁，但嘟嘟在家里的待遇和球球可是截然不同。自从开始上幼儿园之后，妈妈就给嘟嘟分配了一个任务：负责每天早上坐电梯到楼下去取牛奶。为了方便嘟嘟，妈妈还特意让人把放牛奶的箱子挪到了比较矮的地方，嘟嘟觉得，妈妈可能在订牛奶的时候就已经有所预谋了。

一开始，嘟嘟对取牛奶这个任务还是很兴奋的，但等入了冬之后，嘟嘟就有些不乐意了，大早上冷飕飕的，谁也不想从被窝里爬出来啊。

一天早上，嘟嘟特意把自己紧紧地裹在被子里，坚决抗议妈妈逼迫自己去取牛奶的"残酷"举动。见儿子耍赖，妈妈很是无奈，对嘟嘟说道："嘟嘟，因为天气冷了，所以你就不愿意去取牛奶，这样做对吗？你是男孩子，怎么连这点苦都不能吃？你看看送牛奶的叔叔，他比你辛苦得多，但他有因为天气冷就不送牛奶了吗？还有爸爸妈妈，能因为天气冷就不上班吗？还有你们幼儿园的小朋友，能因为天气冷就不上幼儿园了吗？"

在妈妈的声声质问下，嘟嘟不禁有些羞愧，想了想又觉得妈妈说的话挺有道理，于是还是挣扎着乖乖从被窝里爬了出来，裹上厚厚的羽绒服执行自己每天的例行任务去了。

球球与嘟嘟反映了两种完全不同的家庭教育理念：球球的父母就是很典型的"三陪"父母，恨不得时时刻刻都把球球带在身边，无微不至地照顾他的衣食住行，生怕出一点纰漏，让他受一点委屈。而嘟嘟的父母则不同，从很小的时候开始，嘟嘟的妈妈就开始培养他独立做事的习惯和能力，把每天下楼取牛奶的任务交给了他，哪怕在遭遇恶劣天气的情况下，妈妈也没有对嘟嘟心软，而是通过讲道理的方式说服了嘟嘟，让嘟嘟坚持把这项任务做下去。

可以想象，在这两种完全不同的教育方式下，球球和嘟嘟这两个年纪相仿的男孩未来会变成什么样子。不说别的，至少从独立性和动手能力上来说，嘟嘟必然会比球球更优秀。

苏联著名的教育家马卡连柯曾说过："最可怕的是用父母的幸福来栽培孩子的幸福。"而最悲哀的则是即便父母牺牲了自己的幸福，带给孩子的却往往并不是他想要的幸福，甚至父母的牺牲更可能成为孩子未来成长道路上的一大隐患，让孩子因过分的依赖而无法成长。

所以，父母要明白，真正的爱不是禁锢，是放手。学会放手，让男孩自己去成长，自己去体验风雨挫折，这才是对男孩最理智也是最深沉的爱。

☞ **细节 158：信任男孩，他能做得很好。**

父母对男孩事事包揽，其中很大一部分原因就在于父母不信任男孩的能力，不相信他能靠自己的力量把事情处理好。且不论男孩是否真如父母所想的那般"无用"，但即便男孩确实没有足够的能力，那么父母一味地包揽和维护，也只会让男孩故步自封，避开麻烦的同时，也失去了提升自我的可能。所以，父母不妨试着去信任男孩，放开手让他去尝试，他未必能做得很好，但只要有机会，那么终有一天他能做得很好。

☞ **细节 159：让男孩习惯自己想办法。**

习惯被父母保护和照顾的男孩或多或少都存在一定的依赖心理，因此，为了男孩日后能够更顺利地走向独立，父母不能因为心软就处处纵容男孩，尤其在遇到事情的时候，父母更要抓住机会，培养男孩"自己想办法"的习惯，提高男孩独立思考的能力。

☞ 细节 160：适可而止，爱也需要把握"度"。

任何事情都讲求适可而止，否则即便再美好的东西，一旦超出了某个限度，都容易出现变质的情况。父母对男孩的关爱也是如此，把握好"度"，这种关爱便是男孩人生中最美好最珍贵的礼物；而一旦超出这个"度"，这种关爱则可能成为伤害男孩的毒。

☞ 细节 161：让男孩学会"自我教育"。

通常来说，男孩所受的教育可以分为四种：家庭教育、学校教育、社会教育和自我教育。这其中，家庭教育、学校教育和社会教育，都是为让男孩学会自我教育而服务的。也就是说，真正能够推动男孩走向成功的，正是自我教育。而要实现自我教育，就要求男孩能客观地认识自我、发展自我，然后再进一步完善自我。

Chapter 8

不惩罚，教方法：
引导而非强迫，让男孩自己爱上学习

一提到学习，大概每个男孩都能从自己的成长历程中总结出一部跌宕起伏的"血泪史"。但在男孩成长的过程中，学习又偏偏是他们的头号"任务"，不管再怎么抱怨，再怎么觉得辛苦，这也是无法改变的事实。父母如果真的希望能在学习方面给予男孩一些帮助，那就应该想办法激发男孩对学习的热情，引导他一步步爱上学习，从而主动学习。

1.兴趣才是男孩学习的内在动机

好奇是每个孩子与生俱来的一种天性，从呱呱坠地的那一刻开始，孩子就在用那双明亮的眼睛好奇地打量着这个世界，打量着周围人的所作所为。他们想要了解这个世界，接触这个世界，而这种渴望正是源自他们对世界的好奇。

在男孩的成长过程中，学习无疑是占据了主旋律的重要事情。有的

孩子很好学，几乎不需要父母的监督和鞭策就能自觉主动地投入学习；也有的孩子对学习几乎毫无兴趣，不管父母如何劝说或怒斥，也没办法让他们变得勤奋。

对比爱学习的孩子和不爱学习的孩子，我们发现，造成这种差异的原因在于两者有着截然不同的求知欲。求知欲强的孩子，为了满足自己探索未知的想法，哪怕父母不发话，他们也会主动去学习，去接受全新的知识和文化；而如果是一个求知欲弱的孩子，那么很显然，在缺乏内在动因刺激的情况下，他学习起来自然也不那么容易。

兴趣是最好的老师，父母最好能从兴趣的角度出发，了解男孩感兴趣的东西，以便更好地帮助男孩选择奋斗的目标和方向。

　　法布尔是法国著名的昆虫学家，从很小的时候开始，他就一直沉迷于研究各种各样的昆虫。为了观察昆虫的活动，法布尔经常接连好几个小时都保持同样的姿势一动也不动。

　　在一个深夜，为了观察蜈蚣究竟是怎么产卵的，法布尔独自提着灯笼，在刮着冷风的田野上站了整整一夜，一直到太阳升起，他才意识到原来天已经大亮了！

　　还有一回，为了观察蛐蟀的活动，法布尔居然爬上了果树，小心翼翼地在果树上待了很久，甚至还被人误会成了偷果子的小偷，样子甚是狼狈。

　　类似这样令人啼笑皆非的故事还发生过许多次，但法布尔并未因此就停止研究。事实上，对昆虫的浓厚兴趣早已经让他决定终身都以此为业了，他根据自己对昆虫的研究所得，写成了一部鸿篇巨著《昆虫记》，为昆虫学做出了里程碑式的重大贡献。

从法布尔的故事就能看出，兴趣绝对是促使孩子学习的内在动机。每个孩子都像法布尔那样，对自己感兴趣的东西总会不自觉地给予积极的关注和探索，不需要别人的监督或鞭策。比如一个孩子如果对文字感兴趣，那么在面对美妙的语言文字时，他就会自然地产生探索欲望，并沉迷其中不可自拔；如果一个孩子对绘画感兴趣，那么他就可能被各种美丽的线条和颜色所吸引，甚至产生创作的欲望……这就是兴趣带给我们的探索欲望和学习冲动，也难怪俗话说："兴趣是孩子最好的老师。"

因此，父母如果希望孩子能够爱学习，就要明白，单靠不断地催促和苦口婆心地奉劝是不会有任何效果的，你必须想办法找到孩子的兴趣点，并通过这一点激发孩子的求知欲。当孩子产生好奇心和探索欲望的时候，就算没有父母的威逼和鞭策，也能主动自觉地付出努力去学习。

☞ **细节 162：发现男孩追求知识的眼睛。**

好奇是人类的天性，从出生的那一刻开始，每个男孩对眼前的一切都是充满求知欲和探索欲的，只不过随着年龄的增长和所经历事情的不同，这种求知欲和探索欲得到了不同程度的发展或减弱。

因此，父母如果希望男孩能主动追求知识，投入学习，那么就要懂得在成长的过程中保护并促进男孩求知欲和探索欲的发展。每个人都有各自不同的兴趣点，父母要做的，就是努力走进男孩的内心世界，去了解并发现男孩的兴趣点所在，然后通过引导的方式，让男孩学会主动努力和奋斗，最终实现自己的梦想。

☞ **细节 163：引导男孩体验付出努力后的成功。**

汲取知识虽然令人愉悦，但学习的过程从来就不轻松，否则古人也不会有"十年寒窗"这样的感叹了。人在艰辛的环境中，必须得有足够的希望和支撑才能迫使自己一直坚持走下去。学习也是这样，如果男孩总是一味苦读，却品尝不到任何"甜头"，那么久而久之，必然会产生懈怠感。在这种时候，父母是否能适时地给予男孩一些鼓励或赞扬就显得尤为重要了，只有不停地让男孩体会到付出努力后的回报，男孩才能有动力不断地坚持下去，激励自己付出更多努力，取得更多成功。

☞ **细节 164：保护男孩的好奇心和求知欲。**

很多时候，男孩的好奇心和求知欲其实都是在生活中被父母一点一点摧毁的。不妨回忆一下，在生活中，男孩是不是曾向你提出过许多看似毫无意义或者天马行空的问题？那个时候，你又是如何回答的呢？

男孩向父母提问，不管提问的内容是什么，都说明一点，那就是他具有强烈的好奇心，而这往往会成为他日后成功的起点。在这种好奇心的驱使下，他的求知欲会大大增强，为了满足这种求知欲，他会不停地去探索、去学习。但如果每次男孩向父母提问的时候，父母给予他的回应都是拒绝或打击，那么久而久之，"碰壁"多了的男孩自然也就学"聪明"了，不会再去提出这些问题，然而这也说明男孩的好奇心与求知欲在一点点消散。

所以，面对男孩的问题，请父母多付出一些耐心，无论那些问题有多么荒诞不经，也不要用不耐烦的态度和冷硬的语言打击男孩提问的积极性。

2.妈妈越紧逼，男孩对学习越抗拒

很多人在年幼时都有过这样的体验：

正打算关掉电视机回房间做作业的时候，却听到妈妈一声催促："不要再看电视了，赶紧回屋写作业！"于是心底莫名涌起一种不耐烦，硬生生放下手里的遥控器，打消了立马回房间做作业的念头。

刚开始整理放了一地的玩具，却突然听到妈妈一声训斥："怎么每次都把玩具丢得到处都是，还不赶快收拾好过来吃饭！"于是突然失去了收拾玩具的想法，随手一丢，吃饭去！

……

诸如此类的事情很多人或许都曾经历过，似乎我们的血液里天生就存在做"坏孩子"的渴望似的。但其实，这都是叛逆情绪在作怪。

罗小兵的父母都是军人，性格也都十分强势，从小对罗小兵的管理就极其严格。不管是学习上还是生活上,父母都对罗小兵有着高标准的要求。

一开始上学的时候,罗小兵各科的学习成绩都挺不错,每次考试都能名列前茅,爸爸妈妈对他的表现也都比较满意。

从小学升上初中以后,学习的难度相应地加强了许多,罗小兵也不再像从前那样如鱼得水了,想靠随便看看书糊弄糊弄就考个好成绩几乎是不可能的。或许是因为不适应学习难度的突然加强,升上初中以后的头几次考试,罗小兵的成绩都不是那么理想。于是,为了激发儿子的潜能,让他迅速变得和从前一样优秀,罗小兵的妈妈对他管教得越发严厉,展开各种"高压式"的教育方略,试图用这样的方式来把罗小兵的潜能都给逼出来。

可没想到的是,妈妈管教罗小兵越严厉,对他要求越多,罗小兵的成绩就越发退步。在学校里,罗小兵开始上课睡觉、逃学、拒交作业;回到家之后,他也不再像从前那样主动预习、复习,而且每次只要从父母口中听到关于"学习"的事情,他就会表现得特别暴躁。

得知罗小兵在学校的种种表现后,爸爸妈妈和他谈过话,甚至在愤怒的时候还对他动过手。但不管父母做什么,似乎都无法改变罗小兵的状况。有一次在和妈妈争吵的时候,他甚至恼怒地吼道:"我恨学习!每天都让我做作业、看书,除了学习还是学习,我讨厌死这种日子了!为什么要我遭罪!成天这样活着有什么意思,我再也不想去上学啦!"

孩子们真的那么讨厌学习吗？事实上，在初次背上书包走入学校的时候，大部分的孩子脸上都是洋溢着笑容，闪烁着期待的。他们用心地挑选合适的文具，缠着爸爸妈妈买漂亮的书包，头天晚上甚至激动得睡不着觉。在学校里，他们认识了老师，认识了新同学，拿到了新课本，怀着激动忐忑的心情，小心翼翼给新课本包上书皮，急不可耐地向父母描述印象中的新老师和新同学都是什么样的……

　　是的，每个孩子在开始上学的时候，几乎都对上学这件事有过美好的憧憬和期待。在初次学习到知识的时候，他们也同样很欢喜，恨不得把课堂上老师讲的一切都复述一遍给父母听。那么这种欢喜又是什么时候悄然变质的呢？学习又是如何一点点成为孩子的梦魇和折磨人的负担的呢？罗小兵恼羞成怒的话语其实已经告诉我们答案了。

　　除了假期之外，孩子的一天是从奔赴学校学习开始的，放学回家之后，除了完成作业之外，很多父母为了进一步提升孩子的能力，或者会安排他完成一些额外的作业，又或者会安排他学习一些课堂之外的技能，比如乐器、绘画等。紧凑的安排一点点消磨光了孩子的精力和时间。而最可怕的是，很多父母往往无视了这一点，为了让孩子出类拔萃，依然继续向孩子施压，或逼迫他做更多的事情，或以严厉的态度规劝他更努力更认真地学习。不管是哪一种情况，这种威逼显然会很容易激发孩子的叛逆情绪，让他对学习产生抗拒心理。

　　可见，孩子真正厌恶、抗拒的并不是学习本身，而是父母对于学习这件事的态度。为了所谓的成绩，父母对孩子各种逼迫、各种批评训斥,在这样的情况之下,孩子又怎么可能爱上学习呢?

所以,父母应该明白,不管孩子的学习成绩怎么样,但至少有一点是肯定的:你对他越是紧逼,就只会让他越发讨厌学习、抗拒学习。

☞ **细节 165:给孩子一些空间,引导他主动学习。**

美国心理学家罗杰斯曾说过:"人类体内有一种自我、主动学习的天然倾向。"好奇心与求知欲是每个孩子都具备的天性,只不过在后天环境的限制和压抑中,这种天性被不同程度地发展或压制了。所以,父母不妨试着退一步,多给孩子一些空间,让他们能够在轻松的氛围里重拾对学习的兴趣。

☞ **细节 166:强化孩子的学习动机。**

每个人做事都有自己的动机,孩子学习也是一样,可能是为了满足自己的好奇心、探索欲、求知欲,也可能是为了从中找到成就感,实现自我满足,等等。不管是哪一种动机,只要能够激发孩子奋发上进的精神,那就够了。父母需要做的,就是刺激并强化这些动机,最大限度地让这些动机成为推动孩子不断进步的力量。

☞ **细节 167:创造一个安静的学习环境。**

孩子在学习的时候是非常容易受到环境影响的,而他们的许多行为习惯实际上也是在环境的影响下潜移默化形成的。比如有的孩子喜欢一边做作业一边看电视，那么久而久之，就容易养成他做事三心二意的习惯。

所以，为了规范孩子的行为习惯，父母应该尽可能为他创造一个安静的学习环境，让他能够在不受任何影响的情况下完成自己的学习任务，学会一心一意地做事情。

☞ **细节 168：别用命令的口吻对孩子说话。**

很多父母在和孩子说话时都习惯用一种命令的口吻，而这种说话的态度和方式实际上正是激发孩子叛逆情绪的关键。因此，为了消除孩子内心的抵触感，当父母试图提醒孩子开始做作业或学习时，不妨改一改这种命令的口吻。比如父母想提醒孩子该做作业了，可以提前一段时间询问孩子："你今天的作业计划是什么？"等孩子说出自己的安排之后，到了计划的时间，父母可以通过暗示孩子看表的方式委婉地提醒他该做作业了。

3.妈妈越催促，男孩学习越拖延

在人类众多的坏习惯中，拖延绝对是最常见也是最糟糕的坏习惯之一。很多男孩在学习上都存在拖延的坏毛病，也因为受这种坏毛病的影响，使得他们常常因为不能按时完成学习任务而受到老师和家长的批评、训斥，久而久之，他们的自信心也被一再打压，甚至由此产生自卑心理。

不管怎么说，拖延对男孩的学习和生活都是极为不利的，而拖延习惯的形成通常从幼儿时期开始就能初见端倪了，所以父母一定要密切注意男孩的一言一行，及早掐灭拖延的苗头，以免让它影响到男孩日后的生活。

早上一起床，秦女士就像往常一样准备好了早餐，然后再到房间去叫儿子起床。

眼睁睁看着儿子像平时那样，睡眼蒙眬地穿好衣服之后又倒回床上开始伸懒腰，秦女士却一反常态，并没有像平时那样催促儿子，对儿子发火。

等吃早餐的时候，儿子依然是一副睡眼蒙眬的样子，没完没了地发呆，秦女士也没管他，自顾自地吃完了自己的早餐，然后回房间换衣服准备出门。

别看秦女士表面上这样淡定，实际心里早就冲儿子吼了好几次了，但她一直劝自己忍耐、忍耐再忍耐。秦女士之所以会有这样的表现，是因为前几天她看到了一本育儿书，书上提出了"父母不着急，孩子自然会对自己负责"这样一个观点，所以才让秦女士迫不及待地想试试，看是否能一举改掉儿子做事拖延的坏习惯。

换好衣服之后，秦女士看了看时间，然后在心里默默安慰自己："迟到就迟到吧，迟到也是孩子自己的问题，老师批评的也是他，又不会批评我，我着急上火什么，没必要'皇帝不急太监急'啊！"

这么一安慰自己，秦女士顿时觉得烦躁的心情平复了不少，于是慢条斯理地走出了房间。在送儿子上学的路上，秦女士也依然悠闲得很，不着急也不催促，可这回儿子显然是有些急了，不停地一边看手表，一边嘀咕着："怎么办……要迟到了啊……"

最后没办法，儿子只得可怜巴巴地向秦女士求助，张罗着打电话给班主任请假。

第二天，秦女士依然潇洒得很，不管儿子怎么慢、怎么拖，她都一言不发，脸上也看不出什么不高兴的神色，只自顾自地干自己的事，准备好之后就掐着点出门。这一回儿子虽然还是很磨蹭，但秦女士明显感觉到了他的着急。

之后一段时间，秦女士每天也都采取这样"放任不管"的态度，然而神奇的是，在秦女士的"放任"之下，儿子不仅没有变得更懒散、更磨蹭，反而自己上了心，有时候还会催促秦女士，嫌她太慢了呢！

瞧，其实很多时候，男孩并不笨，他们很清楚拖延会对自己造成什么样的影响，也知道迟到会给自己带来什么样的麻烦。他不想迟到，也不愿意迟到，但如果身边有事事都替他着急、替他考虑的父母存在，那么他自然也就不需要那么急了。而且，父母的催促也会在一定程度上转移男孩的注意力，让他意识到，此刻面临的最重要的问题并不是所谓的"迟到"，而是父母妄图"控制"他，"命令"他去做某件事，这种认知往往容易触及男孩的逆反心理，于是就出现了父母越催促，男孩越拖延的情况，而这实际上也是男孩变相表达"抗争"意愿的一种方式。

所以，在男孩出现拖延问题的时候，父母不要急着去催促，当你试着淡定下来，放任男孩自己去安排善后的时候，他自己反而会开始着急，进而学着自己去承担，自己去负责，并从中得到反省和教训。

☞ 细节 169：帮男孩制订合理的学习计划。

要改变男孩在学习问题上的拖延习惯，父母可以和男孩一起制订一个合理的学习计划，让男孩学着按照计划进行学习。这样不仅能帮助男孩在学习上设立明确的目标，让男孩更清晰、更明确地知道自己的奋斗方向，而且还给了男孩具体的安排和指导，帮男孩省去了纠结和选择的时间。只要男孩能严格按照指定的计划表来进行学习，那么自然也就不会再拖延了。当然，需要注意的是，在制订学习计划时，父母不能一意孤行，一定要尊重男孩的意愿，并且考虑男孩的实际情况。

☞ 细节 170：改变单一学习模式，提高男孩学习兴趣。

长时间做一件事情是非常容易引起疲劳的，因此，在男孩作业较为繁重的情况下，父母可以根据男孩每天需要完成的学习任务来进行一些安排，比如可以在较为困难的科目中间插入一些较为容易的学习任务，这样难易交替进行，可以让男孩的大脑在张弛之间得到一定的休憩，避免过度疲劳。

☞ **细节 171：劳逸结合，才能提高学习效率。**

每个人的精力都是有限的，必须保证足够的睡眠和休息时间，才能让大脑保持高速运转，提高工作效率。对于成长期的男孩来说，保证足够的睡眠和休息时间更是尤为重要，这不仅对大脑的工作效率有影响，而且对男孩的身体健康也会造成巨大影响。因此，在学习上，除了要对抗拖延的恶习之外，男孩还要懂得劳逸结合，让自己得到充分的休息。

☞ **细节 172：纠正男孩的完美主义。**

导致拖延问题的一大原因还包括男孩的完美主义思想。因为有这种完美主义思想的存在，所以男孩在做事情的时候才会常常犹豫不决、反复无常，总是觉得不够满意、不够完美，于是拖延的习性自然而然就呈现出来了。但男孩应该知道，这个世界上并不存在完美的东西，无论你做得多么好、多么优秀，也都会存在缺陷。

4.会学习，更要会休息

著名的早教专家卡尔·威特这样说过："在现实生活中，有时付出和收获之间并不能完全画上等号，想要有好的收获，除了付出必要劳动，还需要有好的方法，如果方法不当，再多的劳动也难得有好的收成。"

确实如此，在现实生活中，不管做什么事情都有方法和窍门，把握住了方法和窍门，做事就能事半功倍；相反，如果一直不得其法，那么不管付出多少努力，也只能事倍功半了。所以，做事情一定得学会使巧劲，埋头蛮干是对时间和精力的双重浪费。

在学习方面同样如此。父母想要男孩取得好成绩，就应该帮助男孩提高学习效率，如果只是一味地逼迫男孩延长学习时间，甚至为此而牺牲掉男孩正常的休息娱乐时间，那么恐怕只会适得其反，在降低男孩学习效率的同时，也让他心存怨怼，对学习这件事产生厌倦之情。

　　陈明今年刚上初三，在班级里成绩算是中上水平。为了能考一个好的高中，陈明决定利用初三这一年的时间好好拼搏一把，让自己的成绩能再向前迈一个档次。

　　下定决心之后，陈明便对自己的学习计划作了一番调整，不仅取消了一切课余活动，还把每天的复习时间又往后延长了一个小时。陈明心想，反正只是一年时间，如果咬牙扛过这一年就能考上重点高中，那也是非常值得的！于是，在制订好新的学习计划之后，陈明就立即开始执行。

　　一开始，看到陈明这么努力，父母都觉得很欣慰，对他的生活也照顾得更加无微不至了。可是，经过一段时间的努力之后，陈明的妈妈就发现了问题所在。她发现儿子的精力似乎不如从前了，早上叫儿子起床也变得越来越困难。此外，以前学校布置的家庭作业，儿子通常都能在一个半小时之内完成，现在却需要花费两个小时甚至两个半小时左右的时间才能完成，但根据以往的通知作业短信来看，学校布置的作业量并没有增多。

产生这样的疑问之后，陈明的妈妈立即和班主任取得了联系，了解了一下陈明最近在学校的情况，这才知道，原来陈明把学校所有的课余活动都退了，把时间全部用来学习。而且最近一段时间，陈明的课堂表现也不尽如人意，常常在听课的时候打瞌睡、走神。

了解到儿子的情况之后，妈妈特意找了一个时间和陈明谈心。她向陈明讲述了劳逸结合的好处，然后又和陈明一起调整了学习计划，并建议陈明继续参加一些课外活动，让大脑得到充分的休息。

经过一段时间的调整之后，陈明终于又恢复了以往的精气神，而且在学习时也感觉轻松了不少，记忆力和反应速度都有了明显的提升。

大脑就像弹簧一样，张弛有度才能一直保持它的"弹力"。不管是过度拉伸还是过分压缩，对弹簧的"弹力"都会有所伤害。就像陈明，为了提升学习成绩，不惜牺牲一切的休息娱乐时间，试图通过长时间的学习来增强对知识的掌握。然而他却忽略了一点，那就是大脑本身的承受能力。

曾有教育专家做过这样一组实验：把一个班级的学生随机分成两组，第一组学生每学习20分钟，就会有5分钟的休息时间；第二组学生则没有休息时间，必须接连不断地进行学习。两个小时以后，经过观察测试，专家发现，第一组学生在情绪方面有小幅度的波动，而第二组学生的情绪波动则非常严重，大多数学生都出现了疲劳和困倦的现象。

之后，教育专家又分别对两组学生的学习情况进行了测试，结果发现，第一组学生虽然用在学习方面的时间比第二组学生短，但他们的正确率却明显高于第二组学生。

可见，在学习方面，投入大量的时间未必就能取得相应的成果，而懂得劳逸结合，让大脑进行充分的休息，才能提高孩子的学习效率和专注性。所以，男孩要想学习好，既要会学习，更要会休息，当学习和休息能够达成均衡时，才能更好地促进学习、提升成绩。

☞ 细节 173：学习要做到张弛有度。

在帮助男孩制订学习计划时，父母要根据男孩的实际情况来合理安排时间，做到张弛有度，不要一味地只想着学习，却忽略了休息和娱乐。此外，男孩毕竟是计划的执行者，因此在制订计划时，父母也要尊重男孩自己的意见和想法，不能只按照自己的意愿去强行安排。

☞ 细节 174：劳逸结合，促进男孩全面发展。

一个男孩是否优秀，不仅仅只看他的成绩好不好，考试分数高不高，而是应该全方位地考量他的综合素质。只会"读死书，死读书"的书呆子在社会上是很难立足的，更别说创建自己的事业了。因此，父母应该重视男孩的全面发展，而不要只把目光局限在学习成绩上。

☞ **细节 175：在合适的时间做合适的事。**

在一天之中，最佳的黄金学习时间是在上午，在这个时间段，男孩的大脑会比较活跃，记忆力和反应力也都能达到一天之中的最高点。因此，这段时间用来学习是再好不过的了。到下午的时候，大脑的活跃度开始降低，身体也会相应地出现疲劳感，在这个时段，适合让大脑进行一番休憩，因此用来安排一些聚会、体育运动或家务劳动是再好不过的。懂得在合适的时间去做合适的事、安排合适的计划，才能达到事半功倍的效果。

☞ **细节 176：娱乐活动不可少。**

娱乐活动对于男孩的智力发育和综合素质的提高都是有莫大好处的。适当的娱乐活动不仅能让大脑得到更好的休息，而且还能刺激大脑的活跃度，对男孩的反应力和记忆力锻炼都有一定好处。因此，在日常生活中，父母不妨给男孩安排一些适当又健康的课余活动，比如郊游、游泳、参观博物馆等。

5.帮助男孩克服"考试焦虑症"

很多男孩明明平时学习成绩都挺不错，但一到考试的时候就容易出问题，不是因为焦躁不安忘带东西，就是因为心神不宁发挥失常，甚至有的还一考试就生病，也不知道是巧合还是被考试给吓病的。

在男孩的学习生涯中，考试是永远也躲不过的部分，小测验、周考、月考、期中考、期末考……总之大大小小的考试数不胜数，如果每次一遭遇考试，就会引发一系列的过度反应，那么久而久之，不仅会拉低男孩真实的学习成绩，更会对他的身心健康造成不良影响。

何陆是个非常认真的男生，学习成绩一直都挺不错，上课认真听讲、主动回答问题，下课认真完成作业，主动复习预习，不管老师还是家长都对他赞不绝口。但问题是，平时表现优异的何陆，一遇到考试却常常会出现失误，不是忘记写自己的名字，就是把明明会做的题也做错，要不就是因为修改过度，导致卷子上的答案看不清楚，莫名地把分给丢了。

虽然老师和父母一直鼓励何陆，让他对自己多点信心，不要那么紧张，但每次一到考试前夕，何陆依然会感觉焦躁不安、心神不宁，一直担忧自己考不好。在这种紧张的情绪下，何陆常常出现失眠、做噩梦、食欲不振的情况，使得他每次考试的状态都非常不好。而考试的失误又给何陆造成更大的压力，让他陷入了可怕的恶性循环。

从何陆的状态来看，很显然，他患上了"考试焦虑症"。

原本考试不过是一种帮助老师检验学生对所学知识的掌握情况的手段，但考试成绩却无形中将考试变成了一种竞争，在这种竞争中，分数被赋予了特殊的意义，尤其是父母对分数的重视，更是增强了这种特殊意义，让考试最终变成了学生可怕的敌人和沉重的负担。考试分数的高低也与学生在学校和家庭中受到的"待遇"直接挂钩。在这样的情况下，有的男孩难免会开始担心如果考试分数不理想可能会被父母责骂、被同学嘲笑，这些恐惧堆积在一起，最终造成了男孩严重的焦虑。

在这种时候，父母一定要注意，千万不要再给予男孩言语上的刺激，否则很可能会进一步加重男孩心理和精神方面的负担，给男孩造成严重的精神创伤。甚至可能会让男孩更加恐惧考试，进而失去对自己的信心和学习的动力。

通常来说，"考试焦虑症"的成因与父母对男孩的期望是有很大关系的，如果父母总是对男孩抱以过高的期望，或提出各种过分的要求，那么很可能会造成男孩心理负荷过重。还有的父母为了激励男孩好好学习，常常会过分地渲染和夸大考试分数的影响，以至于让男孩在面对考试的时候压力过大，进而产生紧张、焦虑的情绪。

每个人都存有好胜心，男孩也同样如此，不管做什么，谁都希望自己能成为赢家，这是非常正常的一种心理期许。而分数将考试变为一种"竞争"之后，自然就会激起男孩的好胜心。如果考试的结果达到了预期的分数，甚至超过预期，那么男孩自然会产生一种积极的心理反应，体会到成功带来的愉悦情绪，这种情绪会促使他投入更多的努力，从而形成一种良性循环。相反的，如果考试的成绩远低于预期值，那么必然会给男孩带来消极的心理反应，让男孩体会到失败所带来的痛苦与沮丧，在这种情况下，男孩往往容易失去斗志，萎靡不振，并由此形成一种恶性循环。"考试焦虑症"就是这样形成的。

那么，作为父母，我们又能做些什么来帮助男孩克服"考试焦虑症"呢？

☞ 细节 177：父母要学会正确看待考试。

考试在男孩心中有多少分量，其实都取决于父母对考试的看法和态度。如果父母不重视分数，那么男孩在考试时自然不会因成绩高低而感到焦虑。所以，想要解决男孩的"考试焦虑症"，父母首先得学会正确看待考试，不要过分轻视，也不能过度解读。

☞ 细节 178：不要对男孩期望过高。

父母鼓励男孩好好学习，期盼男孩将来能出类拔萃，这都是非常正常的，但如果父母总把这些话挂在嘴边，时刻都对男孩抱着过高的期望，那么这种期望将会成为一种压力，增加男孩在面对考试时的心理负担。

☞ 细节 179：淡化考试结果带来的影响。

想要帮男孩克服"考试焦虑症"，父母就要以身作则地让男孩明白，考试的分数并不会给他造成多严重的影响，他根本没必要对考试抱有如此大的负担。要让男孩相信这一点，父母就要尽可能地淡化考试结果所带来的影响。比如男孩考得好的时候，不要过分狂喜；男孩考得不好的时候，也不要流露出不满的情绪。

☞ **细节 180：让男孩知道，重要的不是分数。**

父母要让男孩明白，考试为的是检查自己在一段时间里对知识的掌握情况，因此，分数不是最重要的，重要的是经过考试之后，要能通过自己得分失分的情况，来分析出自己的弱项，有针对性地进行提高，这才是考试最重要的意义。

☞ **细节 181：不要给男孩造成"标杆压力"。**

在考试之前，很多父母为了刺激男孩的好胜心和上进心，常常会说诸如此类的话："你看看，上次某某某比你考的好那么多，这次你还不想办法超过他。要不然以后在一块儿说起来，有你丢脸的时候。"殊不知，这样的做法往往会适得其反，尤其是如果男孩面对考试已经感到了紧张和焦虑，那么父母这样的"激将法"只会加重男孩的心理负担，甚至伤害男孩的自尊心。

6.偏科——"一条腿"引发的烦恼

偏科现象是青少年在学习过程中普遍存在的一个问题，一度让父母头疼不已。确实，本来孩子学习挺不错，可偏偏有一个科目拖了后腿，一下就把名次落下了好几名，任谁看了也不会感觉开心。

可问题是，虽然人人都知道偏科对孩子的学习和发展都极为不利，但一时之间也想不出什么好办法来改变这种状况。毕竟孩子擅长学什么、做什么，似乎是与生俱来的特质，父母也没办法去修改孩子的"天赋"。但偏科问题真的是由智商或天赋引起的吗？

其实，孩子之所以出现偏科的情况，与父母的教育是有莫大关系的。虽然每个孩子的确都有不同的天赋，比如有的孩子天生对数字很敏感，有的孩子天生就极具语言天赋，这些都是孩子与生俱来的天赋，是先天就已经决定好的，但对于学习，这些天赋所带来的影响实际上是微不足道的。

孩子之所以会出现偏科的情况，不是因为他们学不会弱项的科目，而是因为他们不懂得进行时间和精力的调节与分配，一味遵循自己的喜好，努力钻研自己喜欢的科目，对自己不喜欢的科目则不闻不问。此外，在学习的过程中，由于某些自己感兴趣的科目学得好，因此常常会受到父母的赞扬；而对于那些自己原本就不感兴趣的科目，因为学得不好，所以又常常成为父母批评的"导火索"。在这样对比之下，原本就不喜欢的科目自然就更会成为孩子的"眼中钉""肉中刺"了。

可见，偏科这个问题，还真是后天教育出现偏差所导致的。

自从上了三年级之后，原本每次考试都能排到班级前五名的朱迪一下子就掉到了十名之外，这倒不是因为朱迪成绩退步了，而是因为学校增添了一个全新的科目——英语。

朱迪觉得，自己绝对是个纯正的"中国人"，语文可以随随便便考90多分，英语呢，垂死挣扎之后，能及格就不错了。英语给朱迪带来的挫败感是巨大的，这让朱迪越发地讨厌英语这一科目，恨不得永远都不要去翻开英语课本，看那些字母。

过了一段时间，妈妈发现了朱迪的问题：明明英语成绩不好，但从来没在家里见过朱迪复习英语或做英语科目的习题。

妈妈觉得很奇怪，把朱迪找来问道："迪迪，你不是英语学的不太扎实吗？怎么一天到晚也不见你多看看英语，成天不是做语文就是做数学啊？"

朱迪嘟着嘴说道："我就不是学英语的料，浪费那个时间干什么……反正怎么学都学不好，还不如把精力和时间花在我擅长的科目上呢。"

听了朱迪的话，妈妈知道，儿子这是打算自暴自弃地把英语放弃了。于是妈妈认真地对朱迪说道："妈妈记得上次考试，你语文考了92分，数学考了96分，英语只考了55分，对吧？"

朱迪有些不好意思地点了点头。

妈妈又接着说道："那就是说，如果你再努力一点的话，语文还有8分的提升空间，数学还有4分的提升空间，英语则有45分的提升空间。而且，越是接近满分，想要获得提升就越是困难，对吧？"

朱迪想了想，若有所思地点了点头。

妈妈又道："那你难道是打算把时间和精力都用去想办法提升语文加数学的那12分，然后放弃英语45分的巨大上升空间？"

听到这里，朱迪愣住了，顿时陷入了一阵纠结。

妈妈赶紧趁热打铁地说道："其实，妈妈以前刚开始学英语的时候，学的也不好，因为一直找不到方法和窍门，所以学得非常辛苦。但后来，你瞧，妈妈还顺利过了英语六级呢，其实英语也不像你想象的那么难学。不如你把学不懂的地方告诉妈妈，我们一起探讨探讨？"

此时，朱迪对英语的抵触已经少了很多，赶紧点点头，兴冲冲地拿出了自己的英语课本。

朱迪显然也出现了偏科的倾向，但幸运的是，朱迪的妈妈发现了这一端倪，并且通过巧妙的劝说，打消了朱迪放弃学习英语的念头。只要朱迪肯努力，哪怕他的确在语言学习方面天赋不佳，但经过努力，哪怕英语成绩无法名列前茅，至少也不会成为拖他"后腿"的弱项科目。所以我们才说，孩子的偏科问题，与父母的教育引导是脱不了干系的，如果父母都能像朱迪妈妈这样，在儿子出现偏科的苗头时，就给予他正确的帮助与引导，那么必然能有效地改变这一情况。

☞ **细节 182：找到正确的学习方法。**

学习是一项讲求方法和技巧的事情，很多时候男孩某一科目总学不好，往往是因为没有掌握正确的学习方法和技巧。所以，不要一遇到困难就以"我不是那块料"为借口，与其忙着否定自己，不如多学多问，争取早日掌握正确的学习方法。

☞ **细节 183：告诉男孩偏科的危害。**

很多时候，偏科问题之所以难解决，很大一部分原因是因为男孩内心对自己的短板科目存在抵触情绪，主观上不愿意去努力、去改变。为了让男孩消除这一抵触情绪，父母应该把偏科所带来的危害和影响都告诉男孩，让他自己去调适内心的情感。

☞ **细节 184：别因弱项科目而数落男孩。**

当男孩因弱项科目而考试失利的时候，父母如果因此数落男孩，那么很可能会让男孩把负面情绪都迁怒在弱项科目上，从而对这一科目更加抵触。所以，想要改变男孩偏科的状况，父母应该做的不是数落他，而是帮助他找到偏科的原因，并鼓励他去攻克眼前的难关。

7.提防男孩求学路上的"拦路虎"

王博是一名初三学生，成绩一直非常不错，在学校也很受老师的喜欢。

王博的父母工作都非常忙碌，一直没有太多时间来照顾儿子，好在王博从小就是个特别乖巧懂事的男孩，所以从来也没给父母惹过什么麻烦。

然而，令人意外的是，一个周末的下午，王博的班主任突然找上门来，告诉王博的父母说他已经整整一周没去学校上课了，其间班主任多次试图和王博以及他的父母取得联系，但电话却一直都打不通，不知道是否出了什么事情。

班主任的话让王博的父母大为震惊，这一周以来，王博每天早上依旧和往常一样，背着书包出门上学，晚上回家的时间也和平时差不多，今天王博还说学校要补课，所以已经出门去上学了呢！如果儿子已经一周没去学校，那么他到底去哪里了呢？

原本王博的父母以为王博是逃学去游戏厅打游戏了，但令人震惊的是，他们最后居然是在一家小餐馆里找到了王博，当时王博正在小餐馆里给人端盘子呢！

王博的父亲勃然大怒，直接把王博拎了出来。回家以后，在父母的盘问之下，王博才吐露了实情。原来，他不知受了什么影响，突然萌生出了"读书无用"的想法，所以私自决定要辍学出去工作，积累经验。他振振有词地对父母说道："你们知道吗，现在每年都有上百万的大学生找不到工作，你们说读书还有什么用？毕业就意味着失业，与其浪费时间去等待失业，倒不如现在出去闯荡闯荡，没准儿以后我还能做个大老板呢！"

看着儿子理直气壮的样子，爸爸和妈妈都不知道该怎么办了，他们也不明白，一直乖巧懂事的儿子，怎么就成了这个样子！

很多男孩心中都有一个建功立业的梦想，都渴望为伟大的理想和抱负奋斗终生。然而，心智尚未成熟的他们又很容易受到外界负面信息的蛊惑，就像王博这样，不知从哪里听信了所谓的"读书无用论"，偏偏还奉为经典，甚至在冲动之下私自作出辍学的决定。如果不是班主任找上门，都不知道王博的父母要到什么时候才能发现儿子的所作所为。

在我们周围，像王博这样的男孩并不少见，他们处于成长的敏感期，已经有了自己的想法和价值观、世界观，但同时，由于经验不足，所以他们又往往不够成熟，很容易就会被社会上流行的一些言论"洗脑"，从而做出许多荒诞不经的极端行为，甚至造成难以挽回的错误。

在这种时候，如果父母还是像从前一样，用简单粗暴的方法教训男孩，那么不仅不能让男孩幡然醒悟，反而可能激发他内心的反叛情绪，让他在错误的道路上越走越远。为了避免这一悲剧的发生，父母唯一能够做的，是想方设法扭转男孩的错误观念和认知，及时掌握男孩的思想动态，然后一举清除那些挡在男孩求学路上的"拦路虎"，把男孩的思想认知拉回正轨。

☞ **细节 185：让男孩明白，知识才是第一生产力。**

父母要让男孩明白，在现代社会中，知识才是第一生产力。不论从事哪一个行业，知识都是核心竞争力。学习与工作的关系，就好像磨刀与砍柴的关系一样，俗话说"磨刀不误砍柴工"，不经过知识的积累和文化的洗礼就急着投入工作，无异于提着一把钝刀去砍柴，哪怕你力大无穷，手中没有利器，也只能凭着一股蛮力，事倍功半。但如果肯花费一些时间和精力去打磨手中的刀，等把刀磨出锋利的光芒之后，砍柴也就毫不费力了。

所以，当男孩萌生出"学习无用"的荒谬念头时，父母一定要让他明白，知识的积累和学习远比暂时的收入重要得多，知识能给我们带来的是长远的发展和美好的未来，这些东西远比眼前的蝇头小利要珍贵得多。

☞ **细节 186：泼点冷水，打消男孩不切实际的念头。**

在成长的过程中，每个男孩都难免会产生一些不切实际的念头和梦想。比如想做武功高强的大侠，自由来去、行侠仗义；或者想成为带兵打仗的将军，马革裹尸、战死沙场。

拥有梦想是好的，但如果沉迷于不切实际的梦想，那就不好了。在这种时候，父母一定要懂得适时地给男孩泼一些冷水，打消他们那些不切实际的念头。比如当男孩想要成为大侠的时候，父母不妨帮他分析分析，想要学到绝世武功是多么不可能，让他知道，这个梦想实现的概率是多么小，以此来冷却他的热情，让他回归理智的思考。

☞ **细节 187：拖拉磨蹭要不得，好吃懒做是大敌。**

在求学的道路上，拖拉磨蹭和好吃懒做都是要不得的。学习讲求一分耕耘一分收获，只有能吃得了苦，愿意付出努力的人，才能真正学到知识、提升能力。所以，当父母发现男孩有懒惰的苗头，或养成做事拖拉磨蹭的坏习惯后，一定要引起重视，及时帮助男孩改正这些坏毛病。

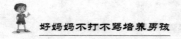

☞ **细节 188：合理计划，改掉浪费时间的坏毛病。**

时间就是金钱，时间就是生命，无论做什么事情，我们都应该学会进行合理的计划安排，将时间高效地利用起来。父母可以根据男孩的实际情况，和男孩一起把每天的学习任务按照轻重缓急进行合理排序，然后让男孩遵循这一计划来学习，逐渐改掉浪费时间的坏毛病。